भारत की मूर्तिकला की कहानी

₹ 90
ISBN : 9788170284666

BHARAT KI MURTIKALA KI KAHANI (Stories)
by Dr. Bhagwatsharan Upadhayaya
मुद्रक : शिव शक्ति प्रिंटर्स, दिल्ली

राजपाल एण्ड सन्ज़
1590, मदरसा रोड, कश्मीरी गेट, दिल्ली-110006
फोन : 011-23869812, 23865483, 23867791
website : www.rajpalpublishing.com
e-mail : sales@rajpalpublishing.com
www.facebook.com/rajpalandsons

स्वदेश-परिचय : 7

भारत की मूर्तिकला की कहानी

डॉ. भगवतशरण उपाध्याय

राजपाल

विषय-सूची

भारतीय मूर्तिकला	5
सिन्धु सभ्यता का युग	8
पूर्व मौर्यकाल युग	13
मौर्य युग	15
शुंग युग	20
कुषाण युग	26
मथुरा शैली	31
दक्षिण की कुषाण कला	39
गुप्त युग	41
पूर्व मध्य युग	47
उत्तर मध्य युग	52
दक्षिण की मंदिर-मूर्तियाँ	55
वर्तमान युग	57

भारतीय मूर्तिकला

पूजा और आनन्द के लिए आदमी ने प्राचीन काल से ही चित्र और मूर्तियां बनानी शुरू कर दी थीं। क्या भारत और क्या विदेश, सब जगह ऐसी तस्वीरें और मूर्तियाँ मिली हैं जिनसे पता लगता है कि पूजा के लिए अथवा खाली समय को बिताने के लिए मनुष्य तस्वीरें या मूर्तियाँ बनाया करता था। टोना-टोटका तब की पूजा थी। आहार तब का सुख था।

आज से कोई बीस हजार साल पहले तक की तस्वीरें हमें मिली हैं। ये पहाड़ी गुफाओं की दीवारों पर, शिकार करने के पत्थर, हाथी-दांत, हड्डी या धातु के हथियारों पर खिंची हुई हैं। तांबे आदि धातुओं की ऐसी मूर्तियां भी मिली हैं जो आदमी की शक्ल की हैं और पूजा के काम में आती थीं।

भारत में तो मूर्तियों की पूजा बराबर होती ही रही है। पुराने समय में दुनिया के सभी देशों में लोग मूर्तियां पूजते रहे हैं। हर जगह बड़ी तादाद में मूर्तियाँ मिली हैं। बाहर कई कारणों से मूर्ति-पूजा बन्द हो गई, पर हमारे देश में वह चलती रही और आज भी चल रही है। मज़े की बात तो यह है कि आदमी आरंभ में जंगली और नंगा रहा है, बिना घर-द्वार के वन-वन भटकता रहा है, पर सुन्दर चीजें उसे बराबर अपनी ओर खींचती रही हैं। मूर्तियों का बनना इसी का परिणाम था। यही कला का आरंभ था।

मूर्तियां केवल पूजने के लिए ही नहीं बनीं, खेलने के लिए भी बनीं, और आज हमारे पास बहुत प्राचीन काल के लाखों खिलौने मौजूद

मूर्ति

हैं। खिलौने–आदमी, जानवर, चिड़िया, मछली, मगर–सभी शक्ल के हैं जो आदमी के द्वारा बनाये गए हैं या सांचों में ढाले गए हैं। कई बार तो इनकी खूबसूरती मन को बरबस मोह लेती है।

मूर्तियाँ धातु से लेकर मिट्टी तक की बनी हैं–सोना, चांदी, तांबा, पीतल, कांसा, रांगा, कांच, लोहा, हड्डी, हाथीदांत, रत्न, लकड़ी, पत्थर, मिट्टी, सभी चीजों की। साधारण तौर पर घर में पूजा करने या खेलने के लिए गीली मिट्टी की मूर्तियाँ पहले हाथ से ही बना ली जाती थीं, फिर उन्हें धूप में सुखा लेते थे या आग में पका लेते थे। बाद में ये सांचे में ढाली जाने लगीं और देखने में काफी सुन्दर भी लगने लगीं। इन मूर्तियों से आज हमारे अजायबघर भरे पड़े हैं। इन मूर्तियों का सिलसिला कई तरह का है और उनकी समझ या जानकारी के लिए उन्हें एक खास क्रम से जानना जरूरी हो जाता है। जैसे किसी

खिलौना गाड़ी

मकान को आप नीचे से ऊपर या ऊपर से नीचे देखते हैं, वैसे ही मूर्तियों की जानकारी भी समय के क्रम से करनी चाहिए। इससे उनका

अध्ययन आसान हो जाता है।

काल के विचार से हम अपनी मूर्तियों को दस हिस्सों में बांटकर देखेंगे। इनमें से कुछ हजारों साल पहले बनीं, कुछ मध्य काल में और कुछ हाल की ही बनीं हैं। इन सभी को जानकारों ने समय के अनुसार अलग-अलग नाम दे दिए हैं। ये नाम इतिहास के युगों से बंधे हुए हैं और इनको ध्यान में रखने से प्रकट हो जाता है कि कौन-सी मूर्तियां किस युग में बनीं, आज से कितना पहले, और उनको कैसे पहचाना जा सकता है या उनका रूप कैसा है।

इस प्रकार के करीब दस युग समझ लीजिए। ये मूर्तियाँ कब बनीं थीं, यह तो हम बाद में बताएंगे, पर उनके नाम आप अभी जान लें–

1. सिन्धु-सभ्यता का युग
2. मौर्य काल से पूर्व का युग
3. मौर्य राजाओं का युग
4. शुंग युग
5. कुषाण युग
6. गुप्त युग
7. पूर्व-मध्य युग
8. उत्तर-मध्य युग
9. दक्षिण की मन्दिर-मूर्तियां (मन्दिर-मूर्तियों का युग)
10. वर्तमान युग

सिन्धु सभ्यता का युग

आज से करीब पांच हजार साल पहले कलियुग का आरम्भ माना जाता है। हालाँकि इतिहास इस तरह का तो कोई युग नहीं मानता, मगर जब से कलियुग का आरम्भ माना जाता है तब भारत में एक ऐसी सभ्यता फैली हुई थी जो संसार की सबसे पुरानी सभ्यताओं में गिनी जाती है। उस सभ्यता को विद्वान् 'सिन्धु घाटी की सभ्यता' कहते हैं। संसार की सभी पुरानी सभ्यताएं नदियों के किनारे ही जन्मीं और बढ़ीं–जैसे मिस्र की सभ्यता नील नदी के किनारे, सुमेर की सभ्यता दजला-फरात नदियों के किनारे तथा चीन की सभ्यता पीली नदी के किनारे। इसी तरह अपने देश की प्राचीन सभ्यताएँ भी सिन्धु, गंगा और नर्मदा नदियों के किनारे पनपीं और बढ़ीं। हम पहले जिस सभ्यता का हाल अभी लिखने जा रहे हैं वह सिन्धु नदी के किनारे-किनारे दक्षिणी पंजाब, सिन्धु और बलोचिस्तान में फैली। इसी से उसे साधारण तौर से सिन्धु या सिन्धु घाटी की सभ्यता कहते हैं। इस सभ्यता का पता हमें अधिकतर वर्तमान पाकिस्तान के पंजाब प्रान्त में मांटगुमरी जिले के हड़प्पा और सिन्ध प्रान्त में लरकाना जिले के मोहनजोदड़ो की खुदाइयों से चला है। वहां के टीलों को खोदकर अन्वेषकों ने पूरे शहर निकाल दिए हैं।

इनसे पता चलता है कि जहां सिन्ध में आज रेगिस्तान फैला पड़ा है, रेत उड़ती है, वहां कभी गेहूं के खेत लहलहाते थे, हरियाली से जमीन ढकी थी। कला-कौशल की विशेष उन्नति नगरों में होती है। सिन्धु की सभ्यता शहरी थी क्योंकि मोहनजोदड़ो और हड़प्पा नगर थे। उनमें अच्छी सड़कें थीं जिन पर लगातार दोमंजिले मकान खड़े थे। ये मकान

धूप में सुखाई या आग में पकाई ईंटों के बने थे। नगरों में सफाई का खास प्रबन्ध था। गन्दा पानी बहने के लिए नालियां बनी थीं। शहर के लोग बड़े-बड़े तालाबों में नहाते थे। ये तालाब कुएं के जल से भरे जाते थे। लोग चरखे से सूत कातकर उससे करघे पर खादी-सा कपड़ा बुनकर पहनते थे।

सिन्धु-सभ्यता में रहने वालों के पास धातुओं, पत्थर और मिट्टी के बने बड़े सुन्दर बर्तन-भांडे थे। मिट्टी के बने मटकों और दूसरे छोटे-बड़े बर्तनों पर मनमोहक चित्र बने रहते थे या कई प्रकार के रंग चढ़े रहते थे। वहां जो हजारों की तादाद में धातु, हड्डी, हाथीदांत, रत्न, कांच और मिट्टी की मूर्तियां, खिलौने और ठीकरे मिले हैं, उनसे उस सभ्यता के कला-कौशल का पता चलता है। उनकी सुन्दरता के क्या कहने, सीधे मन को मोह लेती हैं। आदमी उन्हें देखता ही रह जाता है।

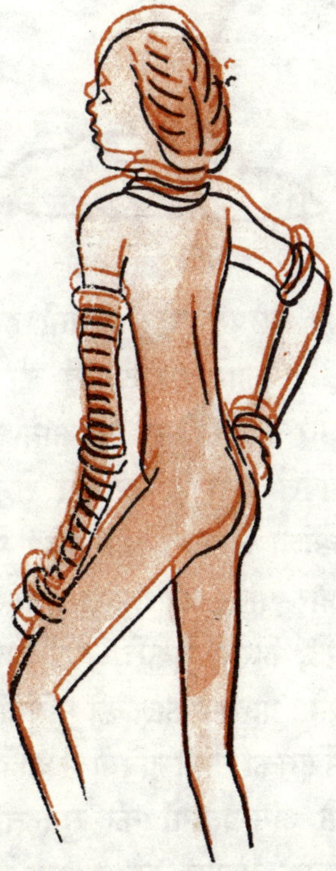

मिट्टी की मूर्ति

मूर्तियों में से अनेक तो पूजा के लिए हाथ से या सांचे में ढालकर बनाई गई हैं, अनेक खेलने के लिए। लगता है, लोग देवी-देवताओं की मूर्तियां बनाकर पूजते थे। एक ठीकरे पर तो त्रिशूल से मिलती-जुलती सींगों वाले देवता की मूर्ति उभरी हुई बनी है। उसके चारों ओर जानवरों की तस्वीरें खुदी हैं जिससे विद्वानों ने अटकल लगाया है कि वह प्राचीनकाल के शिव की मूर्ति है। उस शिव के सारे पशुओं का स्वामी होने से, बाद में उसे 'पशुपति' कहने लगे थे।

उन मूर्तियों में कम-से-कम तीन का

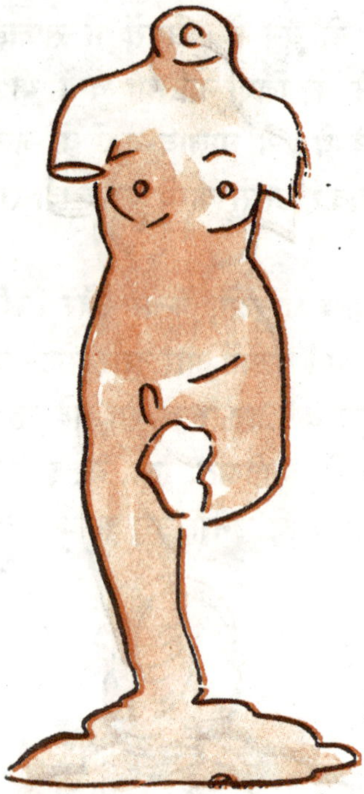

नाचनेवाली स्त्री की मूर्ति

यहां कुछ उल्लेख कर देना जरूरी है। इनमें से एक तांबे की मूर्ति है, कमर पर हाथ रखे नंगी नारी की, शायद नाचनेवाली की। इसका रूप बड़ा सुघड़ है, इसकी सहज सादगी देखनेवालों को चकित कर देती है। एक पत्थर की मूर्ति ठीक इससे भिन्न है, मोटी और टूटी। पर इसका जो हिस्सा बच गया है उससे सिद्ध होता है कि यह मूरत नाचनेवाली की है। एक पैर जमीन पर है, दूसरा उठा हुआ है जैसे वह नाचते हुए चक्कर लगा रही हो। तीसरी नीचे से टूटी मूर्ति, मिट्टी-चूने की है, ध्यान में मस्त जोगी की। आंखें आधी खुली हुई हैं, नाक की नोक पर टिकी हुई। इससे सिद्ध होता है कि हमारी योग की परम्परा बहुत पुरानी है।

ऊपर हम ठीकरों की बात कर चुके हैं। इनकी संख्या बड़ी है और इनकी किस्में भी अधिक हैं। इन पर हजारों शक्लें बनी हैं, आदमी से लेकर पालतू और जंगली जानवरों तक की। पेड़-पौधों की, जीव और पौधों की मिली-जुली–हाथी, शेर, चीते, गैंडे, हिरन, बकरी, सांड आदि अनेक जानवरों की। प्राचीन काल की मूर्तियों या कला की चीजों में इनका सानी दुनिया में कहीं नहीं है। आकृतियों के अंग-प्रत्यंगों की सुगढ़ता, उनका दमखम, उनके आकार का अनुपात गजब का है। महीन

मानवाकृति

चित्रकारी

से महीन लकीरों से उनकी शक्ल उभारी गई है; बस, देखते ही बनता है। इसमें एक सांड की शक्ल तो अपने आप में एक ही है। पांच हजार सालों के बीच पुराने ज़माने से आज तक देश-विदेश में जानवरों, बैलों और सांड़ों की हजारों-हजारों मूर्तियां गढ़ी गई हैं, ठीकरों पर उभारी गई हैं, पर उनमें से कोई ऐसी नहीं जो मोहनजोदड़ो के इस सांड़ वाले ठीकरे का मुकाबला कर सके। इसकी सुडौल आकृति, बैल का गठा रूप देख आदमी अचरज करने लगता है–भला यह मनुष्य की गढ़ी मूर्ति है! डील पर हाथ रखते ही, लगता है, उसके समूचे जिस्म पर सिहरन दौड़ जाएगी।

इन ठीकरों में कुछ मुहरें हैं, ठप्पे हैं, कुछ सांचे हैं, कुछ सांचे बनाने के सांचे, कुछ संवारी कला के नमूने, बस देखने ओर सजाने को बने हैं। इनमें से अनेक ठीकरों पर लिखावट भी है जो मछली और आदमी की शक्लों से मिलती है। पर वह आज तक पढ़ी न जा सकी। वह जब पढ़ ली जाएगी तब हमारे इतिहास का वह खामोश पन्ना एकाएक बोल उठेगा और हम अपने पुरखों की कितनी ही बातें जान लेंगे।

सिन्धु घाटी की वह शहरी सभ्यता हजार, दो हजार साल शान से जीकर मर गई। उसे पता नहीं किसने मिटा दिया! शायद आनेवाले आर्यों ने। आर्यों ने, जिन्होंने सिन्धु के नगरों को मिटा अपनी सभ्यता रची। आर्य अपनी धर्म-पुस्तक ऋग्वेद में लोहे के किलों वाले अपने काले शत्रुओं के नाम 'दास' और 'दस्यु' बताते हैं। कुछ अजब नहीं जो उन्हें मोहनजोदड़ो और हड़प्पा के ईंटों के मकान अपने फूस और मिट्टी के मकानों के सामने लोहे के किलों-से लगे हों।

सिन्धु सभ्यता को जन्म देने वाले इस देश के पुराने निवासी द्रविड़ थे जो आर्यों की चोट से धीरे-धीरे हटते हुए दक्षिण चले गए। वे उत्तर

में मिट गए, उनकी सभ्यता भी कला-कौशल के रूप में मिट गई। आर्यों के धर्म में मूर्तियों की पूजा नहीं थी, वे अग्नि की पूजा करते थे, और उनकी सभ्यता गाँवों की सभ्यता थी। इन सब कारणों से उस सभ्यता के मिट जाने के करीब डेढ़-दो हजार साल बाद तक आर्यों के लम्बे वैदिक काल के इतिहास में इन मूर्तियों और ठीकरों की तरह की कोई चीज नहीं बनी। कला का जो भंडार हमें सिन्धु की सभ्यता में मिलता है, करीब दो हजार साल बाद तक फिर वह देखने में नहीं आता।

पूर्व मौर्य काल युग

पहले लिखा जा चुका है कि सिन्धु-सभ्यता के बाद डेढ़-दो हजार वर्ष तक मूर्तियों की दुनिया में अकाल-सा पड़ गया। पर उनका एकदम लोप भी नहीं हुआ क्योंकि मौर्य-काल से पहले के युग की काफी तादाद में मूर्तियां मिलती हैं, यद्यपि ये अधिकतर मिट्टी की हैं, पूजा या खेलने के लिए बनाई हुई। मौर्य-काल के पहले के भी, यानी आज से कोई ढाई हजार साल पहले के भी मिट्टी के ठीकरे या हाथ से बनाई गई मूर्तियां मिली हैं जो मौर्य-काल के ठीकरों या खिलौनों से मिलती-जुलती हैं। वास्तव में तो कुछ अंश में मौर्य-काल के ठीकरे इन्हीं पुराने ठीकरों के विस्तार मात्र हैं।

पर उस काल के महत्त्व की मूर्तियां पत्थर की हैं, आदमकद से कहीं ऊंची, आठ-आठ, बारह-बारह फुट तक की, मोटी-चिपटी-चौड़ी, जिन्हें देखकर दैत्य-दानव का बोध होता है। हैं भी ये दैत्य-दानवों की-सी अथवा देवताओं की-सी जिन्हें 'यक्ष' कहते थे। देवता, गन्धर्व आदि की ही तरह यक्ष भी आदमी से भिन्न जाति के मानकर पूजे जाते थे। हमारे अजायबघरों में हजारों की संख्या में इनकी मूर्तियां भरी पड़ी हैं। यक्ष बाद में देवताओं से हटकर भूतों की श्रेणी में आ गए और वे आदमियों को भूतों की तरह लगने भी लगे। इनकी कथाओं से हमारी हिन्दू, बौद्ध, जैन सभी पुस्तकें भरी हैं। इस नए युग में पत्थर की मूर्तियां इन्हीं यक्षों की हैं।

इनमें से दो तो मथुरा के अजायबघर में रखी हैं और जिन गांवों में ये पाई गई हैं उन्हीं के नाम पर पारखम और बरोदा यक्ष के नाम

से ये प्रसिद्ध हैं। दो कोलकाता के अजायबघर में हैं। एक यक्षिणी की विशाल मूर्ति ग्वालियर के पास बेसनगर में मिली थी, जो कोलकाता में ही है और ऐसी ही दूसरी नारी-मूर्ति 'मनसा देवी' के नाम से आज भी मथुरा में पूजी जाती है। कुछ लोगों ने इनको मौर्य राजाओं से पहले के शिशुनाग और नंद वंश के राजा अजातशत्रु, उदायीभद्र और नन्दिवर्धन की मूर्ति माना है। पर वे भ्रम में हैं, क्योंकि उन्हें ऐसा मानने का कोई ठोस कारण नहीं है।

प्राचीन काल में अपने देश में राजाओं की मूर्तियां बनाने की प्रथा नहीं थी, अधिकतर पूजने के लिए ही मूर्तियां बनी थीं। मिस्र, बाबुल आदि में जरूर पूजने के लिए राजाओं की मूर्तियां बनती थीं। भारत में पहले-पहल विदेशी कुषाणों ने अपनी मूर्तियां आदमकद की या उससे भी बड़ी बनवाईं। इसी से चंद्रगुप्त, पुष्यमित्र आदि राजाओं की मूर्तियां नहीं बनीं! फिर यक्षों की मूर्तियों की पूजा की परम्परा तो सदा जीवित रही है। इससे इनको यक्ष ही मानना चाहिए। इनका आकार भी आदमी के आकार से बहुत बड़ा है। यक्षिणियों तक की मूर्तियां भी छः फुट से ज्यादा ऊंची हैं। इनकी आकृति भोंडी है, भारी-भरकम, बगैर किसी दमखम के। उपासना के लिए डर और रौब पैदा करना ही इनका उद्देश्य है। शुरू की मूर्तियां होने के कारण ही विकसित न होने से ये भोंडी हैं। अभ्यास से कला में जब निखार आता है तब वह सुघड़ बनती है। इसी कारण यक्ष की मूर्तियां कला के उत्तम नमूने नहीं कही जा सकतीं।

मौर्य-काल से पहले का युग शैशुनागों और नन्दों का था। शैशुनाग राजघराने के ही राजा बिम्बिसार और अजातशत्रु थे जो महात्मा गौतम बुद्ध और महावीर के समय में हुए थे। नन्दों में आखिरी राजा महापद्मनन्द था। वह शूद्र था, क्षत्रिय राजाओं का संहार करने वाला। नन्द और उसके पुत्र सिकन्दर के समकालीन थे। चन्द्रगुप्त मौर्य ने नन्दों का नाश कर मगध में मौर्य नाम का अपना नया राजवंश चलाया।

मौर्य युग

चन्द्रगुप्त, मौर्यों के पंचायती राज का एक क्षत्रिय था जो धीरे-धीरे मगधराज नन्द का सेनापति हो गया था। चाणक्य की सहायता से उसने पाटलिपुत्र की गद्दी नन्दराज से छीन ली। वह आज से कोई सवा दो हजार साल पुरानी बात है, बुद्ध की मृत्यु के करीब डेढ़, पौने दो सौ साल बाद की।

चन्द्रगुप्त के गद्दी पर बैठने के कुछ ही साल पहले मैसेडोनिया के राजा सिकन्दर ने पंजाब जीता था। उससे कुछ पहले जब भगवान बुद्ध हमारे देश में शान्ति और प्रेम का प्रचार कर रहे थे, तभी ईरानियों ने पश्चिमी पंजाब और सिन्ध को जीतकर अपने साम्राज्य में मिला लिया था। यहां से तब उनका बड़ा गहरा सम्बन्ध जुड़ गया था।

भारत सदा से दूसरों से सीखता और उन्हें सिखाता रहा है। विदेशियों से सम्बन्ध होने से उसने बराबर उस सम्बन्ध का लाभ उठाया है। यही कारण है कि वह प्राचीन संसार में इतना ऊंचा उठ सका था। जब-जब उसका बाहरवालों से सम्बन्ध हुआ है, तब-तब उसकी शिल्प-कला में, साहित्य-ज्ञान में नई लहर मौज मारने लगी है। ईरानियों से भारत के सम्बन्ध का भी बड़ा गहरा असर पड़ा। ईरान तब बाबुल, खल्द और असीरिया देश की मूर्तिकला अपना चुका था। उन्हीं देशों से लगे दक्षिण के ईरान में भी एक प्राचीन ऊंची सभ्यता जन्मी और फैली थी। विशाल सांड आदि जानवरों की पॉलिशदार मूर्तियों को बनाने में तब का ईरान दुनिया में अपना सानी नहीं रखता था। आज भी उसकी सांड, शेर, बिल्ली आदि की अचरज की मूर्तियां अमेरिका में शिकागो आदि के

अजायबघरों में रखी हैं जिनकी चमचमाती पॉलिश में आदमी अपना मुंह देख सकता है और जिन पर हाथ रखते ही उंगलियां फिसल जाती हैं। ढाई सौ बरस बाद बनने वाली अशोक के समय की जानवरों की मूर्तियों पर इनका बहुत असर पड़ा है।

ऐसा नहीं कि चन्द्रगुप्त मौर्य के समय भारत में शिल्पकला न रही हो। उसके पटना वाले महल को ग्रीक राजदूत मेगस्थनीज ने देखा था। उसने उसके खम्भों पर चढ़ी सुनहरी-रुपहली बेलों-लताओं और ऊपर बैठाई सुन्दर चिड़ियों का बखान किया है, पर चन्द्रगुप्त के पोते अशोक ने जिस मूर्तिकला को अपने देश में आरम्भ किया, वह भारत में न पहले थी, न पीछे हुई। उसकी सुगढ़ता, अनोखी बनावट, निखार सभी बेजोड़ हैं। ईरानी राजाओं की ही तरह अशोक ने भी अपनी प्रजा की जानकारी के लिए कुछ विचार, कुछ उपदेश चट्टानों और लाटों पर खुदवाए जो अपने नमूने आप हैं।

ईरानी और उनसे पहले के असुर, बाबुली और मिस्री राजाओं ने लाटों और चट्टानों पर अपनी कीर्ति खुदवाने का चलन चलाया था, अशोक ने उनके जरिए अपना यश फैलाने की जगह प्रजा के कल्याण के उपदेश लिखवाए। उन पुराने राजाओं पर विजयों के खूनी विवरणों को अशोक ने अपने मन से अलग कर दिया। कलिंग की लड़ाई में

सारनाथ की लाट

जो संहार हुआ था, उससे उसके दिल को बड़ी चोट पहुंची थी और वह बुद्ध का भक्त हो गया था। तब से उसने बराबर सभी जीवों से प्रेम और दया के बर्ताव का उपदेश दिया। यही उपदेश उसने चट्टानों और लाटों पर खुदवाए।

खुरदुरी चट्टानों को रगड़कर चिकना कर लिया गया और उन पर पॉलिश कर दिया गया। गया के पास की गुफाएं मौर्यकाल की ही बनी हैं। अजन्ता की कुछ गुफाएं भी तभी पहाड़ की चट्टानें तोड़कर बनीं। पर अशोक द्वारा बनवाए गए कला के अद्‍भुत नमूने तो वे लाटें हैं जिनकी मिसाल दुनिया में दूसरी नहीं है। हजार-हजार मन भारी, चालीस-चालीस, पचास-पचास फुट ऊंची पत्थर की लाटें देश में अनेक स्थानों पर खड़ी हुई हैं। उनकी चिकनाहट देखने वालों को लोहे-धातु की बनी लाटों का धोखा हो जाता है। उनके मस्तक पर सिंह, हाथी, सांड आदि की मूर्तियां बनी हैं जिनकी पॉलिश में आप अपना मुंह देख लें, जिनकी चिकनाहट पर हाथ रखते आपकी उंगलियां फिसल जाएं; जिनकी उभरी हुई नसें जानदार होने का भ्रम पैदा कर दें।

इनमें सारनाथ की लाट का मस्तक गजब का है। ऊपर पीठ से पीठ लगाए चार सिंह बैठे हैं, जो मौर्य-काल के कलावन्तों की जादूगरी के नमूने हैं। इन पर चक्र हैं, हंस हैं, दौड़ते घोड़े, हाथी हैं, सांड हैं। यह चक्र उसकी याद में बना, जो बुद्ध ने धर्म के रूप में चलाया था, धर्म का चक्का, धर्म के रथ का पहिया, जो चिरकाल तक शान्ति और प्रेम का सन्देश लिए पृथ्वी पर चलता रहा था। वही चक्र आज हमारे राष्ट्रीय झंडे पर है, वही चार सिंहों वाला अशोक की सारनाथ की लाट का मस्तक आज हमारे देश की राजकीय मुद्रा का मुहर है।

मौर्यकाल की ये मूर्तियां अपनी पॉलिश और चिकनाहट से, अपनी

सजीव चेष्टा और रूप से तुरंत पहचानी जा सकती हैं। यह पॉलिश देश की कला में न पहले थी, न पीछे चली। शायद शुंगकाल तक पहुंचते-पहुंचते कला मर गई। एक विशालकाय चंवरधारिणी मूर्ति पटना के अजायबघर में रखी है। उसे कुछ लोग अशोक से सौ साल बाद के शुंग-काल की बताते हैं। वह पॉलिश की दिशा में शायद इस तरह की आखिरी मूर्ति है। वह स्वयं कला के रूप में अनुपम है। ज़रा झुकी हुई, अखंडित–नारी की वह पूरी मूर्ति अपने अंगों की पुष्ट भरावट, खड़े होने के ढंग, काट-तराश की सुघड़ता में अपनी-सी बस आप है। असल में है भी शायद वह मौर्य काल की ही।

चवरधारणा

मौर्य-काल के हजारों मिट्टी के ठीकरे और खिलौने भी मिले हैं। ठीकरे हाथ से ढाले हुए हैं। इनका धरातल चौड़ा-चिपटा है, इनमें उभरी जनानी शक्लों का घघरीदार पहनावा मनोहर है। ऊपर छाती ऊंची-चिपटी है, कमर बिल्कुल पतली, कमर के नीचे जांघ के ऊपर का भाग भारी। कला में इन ठीकरों की परम्परा बहुत दिनों तक इस देश में चलती रही।

मौर्य लोग बड़े निर्माता थे। चन्द्रगुप्त ने तो अपना इतना विशाल और सुन्दर महल बनवाया था जिसे ग्रीक राजदूत मेगस्थनीज ने ईरानी शुषा और एकबताना के महलों से भी सुन्दर कहा था। स्वयं अशोक ने भी उस महल के रहते अपना अलग महल बनवाया। उस महल को चीनी यात्री फाह्यान ने पटना में सात सौ साल बाद खड़ा देखा

था। उसे देखकर उसने अनुमान किया कि आदमी ऐसा महल नहीं बना सकता, निश्चय ही इसे दैत्यों ने बनाया है। पर यहां हम उस काल के महलों, मन्दिरों या स्तूपों का बयान नहीं कर रहे हैं, केवल मूर्तियों का हाल लिख रहे हैं। देवताओं की मूर्तियां बनती थीं और मन्दिरों में स्थापित की जाती थीं। इन मन्दिरों का उल्लेख चाणक्य ने अपनी पुस्तक 'अर्थशास्त्र' में किया है, पर आज न तो वे मन्दिर खड़े हैं, न ही उनकी मूर्तियां मिली हैं। चाणक्य चन्द्रगुप्त मौर्य का मंत्री था।

शुंग युग

ब्राह्मण-क्षत्रियों में, पुरोहित-राजाओं-यजमानों में बहुत पुराने समय से झगड़ा चला आता था। यह झगड़ा मौर्यों के पहले भी चला, बाद में भी चलता रहा। शुरू में जब ब्राह्मण चाणक्य ने क्षत्रिय चन्द्रगुप्त की मदद कर उसको मगध की गद्दी पर बैठाया, तब चन्द्रगुप्त उसका एहसान मानता हुआ आज्ञाकारी बना रहा। तब ब्राह्मण-क्षत्रिय या पुरोहित-यजमान का विरोध भी दबा रहा। पर जब अशोक ने ब्राह्मण एवं गैर-ब्राह्मण सबको बराबरी का दर्जा दे दिया, जानवरों को बलि देने की प्रथा उठाकर यज्ञ वगैरह बन्द कर पुरोहिती दक्षिणा उठा दी, संस्कृत की जगह जन-भाषा पालि को राजभाषा का स्थान दिया, तब फिर ब्राह्मण-क्षत्रियों में लड़ाई ठन गई।

तभी बाह्मणों के सिरमौर और पाणिनी के व्याकरण पर 'महाभाष्य' लिखने वाले पतंजलि भी हुए थे। वे मौर्यों के आखिरी राजा वृहद्रथ के सेनापति और पुरोहित पुष्यमित्र शुंग के गुरु भी थे। पुष्यमित्र ने बगावत कर वृहद्रथ को उसकी सेना के सामने ही मार डाला और मगध में अपने ब्राह्मण-कुल का शासन जमाया। यही कुल इतिहास में शुंग-वंश के नाम से प्रसिद्ध हुआ। शुंगों के बाद मगध के राजा कण्व-कुल के हुए। फिर दक्षिण के सातवाहन कुल के। ये सबके सब ब्राह्मण-कुल थे जिन्होंने क्षत्रियों से लड़ाइयां लड़ीं। पुष्यमित्र ने फिर से ब्राह्मण धर्म, यज्ञ-हवन आदि की प्रतिष्ठा की, संस्कृत को फिर राजभाषा बनाया, दो-दो अश्वमेध किए जिनमें महामुनि पतंजलि ने पुरोहित का काम किया।

पर बौद्धों द्वारा चढ़ाकर लाए गए विदेशी ग्रीकों को हरा कर पुष्यमित्र

कलात्मक नारी मूर्ति

जो उनसे चिढ़ा तो उसने पटना से जालन्धर तक के बौद्ध मठों और विहारों को जला दिया। परन्तु एक बार शत्रुओं का नाश कर चुकने के बाद उसने फिर उनके धर्म या विश्वास पर किसी तरह का आघात नहीं किया। उसके साम्राज्य में बौद्ध और जैन लोग अपने स्तूप और मन्दिर बनवाते रहे पर उसने कभी उन्हें नहीं छेड़ा, बल्कि उल्टे उनसे शान्ति और प्रेम का उनसे बरताव किया।

उसके और उसके वंशजों के समय जो बौद्धों के स्तूप बने, वे शिल्प और कला के विशाल नमूने बने। मौर्य-युग की ही भांति शुंग-युग भी कला के क्षेत्र में इतिहास में प्रसिद्ध हो गया है। अपने विस्तार और तरह-तरह के रूपों में तो वह शायद मौर्यकाल से भी आगे बढ़ गया।

शुंग-युग का आरम्भ अशोक के करीब सौ वर्ष बाद हुआ था। उस काल में भी पत्थर और मिट्टी दोनों की मूर्तियां बनीं। ये चारों ओर से काटकर या पत्थर पर खींच और काटकर या उभारकर बनी हैं। मिट्टी के ठीकरे बहुत कुछ मौर्य-युग के ठीकरों से मिलते-जुलते हैं। पर इस काल के ठीकरों पर का खाली स्थान खाली नहीं छोड़ा गया, उसे फूल बिखेरकर भर किया गया। ढीकरों की शक्लें पत्थर और मिट्टी दोनों में पहले-से ही चिपटी-चौड़ी हैं। पहनावे में एक विशेषता आ गई है जिससे शुंग-काल की

शुक नारी आकृति

मूर्तियां आसानी से पहचानी जा सकती है, दूसरी उनके पैरों के बीच धोती का तिकोना छोर नीचे की जमीन को छूता है। मौर्य-काल की पॉलिश तो इस काल में नहीं मिलती, पर जहां-तहां चिकनाहट मिलती है। मामूली तौर पर मूरतें खुरदुरी हैं पर पत्थर के कढ़ाव का काम बहुत अच्छा है।

शुंग-युग में सहसा मूर्तियों की बाढ़-सी आ जाती है। देवी-देवताओं की मूर्तियां, यक्ष-यक्षिणियों की मूर्तियां, बौद्ध-जैनों के प्रतीकों की मूर्तियां, मन्दिरों-स्तूपों पर अलंकार और प्यार की मूर्तियां, रेलिंग पर को मूर्तियां हमारे अजायबघरों में भरी पड़ी हैं। हिन्दू देवी-देवता–विष्णु, शिव, ब्रह्मा, बलराम, इन्द्र, कुबेर, लक्ष्मी आदि और हिन्दुओं की देखादेखी बौद्ध धर्म के शिल्प में भी तथागत बुद्ध के अनुचर, उपासक आदि बनाए जाने लगे थे।

शिव की पूजा तो बहुत प्राचीन है ही, पाणिनि के व्याकरण से पता चलता है कि लोग वासुदेव कृष्ण को भी विष्णु का अवतार मानकर पूजने लगे थे। विष्णु-पूजा का सबसे प्राचीन प्रमाण ग्वालियर वर्तमान मध्यप्रदेश में विदिशा के निकट बेसनगर में खड़ा गरुड़ध्वज है। यह विष्णु की महिमा में खड़ा किया स्तम्भ या लाट है। इसके ऊपर की गरुड़ की मूर्ति तो अब नहीं मिलती, पर उसके लेख से पता चलता है कि यह लाट पिछले शुंग राजाओं के शासनकाल में बना था और उसे शुंगराज के पास आने वाले पश्चिमी पंजाब के ग्रीक राजा अन्तलिखिद के दूत हेलियोदोरस ने खड़ा किया था। स्पष्ट है कि विदेशी भी भारत में आकर यहां के देवताओं को पूजने लगे थे।

अभी बुद्ध की मूर्ति नहीं बनी थी, क्योंकि बुद्ध ने अपनी मूर्ति बनाने से मना किया था। कला में बुद्ध की उपस्थिति उनके व्यवहार की चीजों या उनके सम्बन्ध की वस्तुओं की शक्ल बनाकर बताई जाती थी, जैसे–उनकी पगड़ी, छत्र, पैरों की छाप, धर्म का चक्का घुमाते हुए

यक्षिणी

हाथ, बोधि-वृक्ष (पीपल), जिसके नीचे उन्हें ज्ञान मिला था, आदि। इन्हीं चीजों की पूजा करते हुए हिन्दू देवता दिखाए गए हैं जिन्हें बौद्धों ने अपना लिया है। उस काल की 'जिन' की मूर्ति तो नहीं मिलती, पर इसमें सन्देह नहीं कि तब तक और बुद्ध की मूर्ति से पहले ही 'जिन' (शायद महावीर) की मूर्ति बन चुकी थी। मौर्यों के पहले के राजा नन्दिवर्धन द्वारा कलिंग जीतकर वहां से जिन की मूर्ति पाटलिपुत्र उठा ले जाने की बात पिछले मौर्य-काल या शुंग-काल में होने वाले राजा खारवेल ने अपने हाथीगुम्फा वाले लेख में लिखी है। वह कलिंग (उड़ीसा) का राजा था और उसने पाटलिपुत्र से वह मूर्ति लौटाकर अपने राष्ट्रीय अपमान की लाज धोई थी।

यक्ष-यक्षिणियों की मूर्तियों का जिक्र पहले किया जा चुका है। उनका बनना तो मौर्य-काल से भी पहले शुरू हो गया था, पर शुंग-युग में तो उनकी कोई गिनती ही न थी। शुंग और उसके बाद के कुषाण-काल में यक्षों और यक्षिणियों की मूर्तियां नंगी, अधनंगी, अनेक भाव-भंगिमाओं के साथ सुन्दर वेश में बनीं और हाथी, मनुष्य, बौनों के रूप में अनन्त संख्या में पत्थर में काटी गईं।

यक्षिणियों का सम्बन्ध अक्सर वृक्षों और लताओं से रखा गया है। अधिकतर वे पेड़ की शाखाओं को पकड़े खड़ी हैं। इससे अनेक बार कला के जानकर उन्हें 'शालभंजिका' भी कहते हैं। वे गहने खूब पहनती हैं,

सिर के बाल मोतियों और रत्नों की लड़ियों से ढके रहते हैं, बांहें और पैर चूड़ियों, भुजदण्डों और कड़ों से भरे। आकृति चिपटी-चौड़ी मुस्कराती हुई। जब-तब सिर पर शुंग किस्म की पगड़ी। इन यक्ष-मूर्तियों से भरहुत स्तूप के रेलिंग के खम्भे भरे पड़े हैं, मानो वे जी उठे हैं।

स्तूप एक प्रकार की यादगार हैं, बुद्ध या 'जिन' के जीवन की किसी घटना की यादगार। यादगार के रूप में वे ईंट या पत्थर के ठोस बने होते हैं और बाबुली 'जुगरथ' से बहुत मिलते हैं। कोई आश्चर्य नहीं कि इनका चलन बाबुली 'जुगरथों' के अनुकरण में ही यहां हुआ हो। कोई स्तूप खोखले भी होते हैं, वह इसलिए कि उनमें बुद्ध या उनके शिष्यों की हड्डियां, भस्म आदि रखे जाते थे। दोनों तरह के स्तूपों पर पत्थर के रेलिंगों का एक घेरा होता था। इन रेलिंगों के खम्भों और पड़ी पट्टियों पर अलंकरण के लिए अनेक प्रकार की सुन्दर खुदाई हुई है, पुरुष या नारी-मस्तक की, खिले कमल की, अनेक प्रकार के सच्चे-झूठे जानवरों-परिन्दों की।

खंभों पर अलंकरण

शुंग-काल के इन रेलिंगों की बड़ी महिमा है। उन पर बुद्ध के जीवन की अनेक घटनाएं, अशोक आदि राजाओं के जुलूस, तालाब, उनमें खिले कमल आदि कटे हैं जो अपनी गति और सजीवता से मन को मोह लेते हैं। भरहुत और सांची के रेलिंग अपनी कला-सम्पदा में बेजोड़ हैं। सांची के पास ही शुंगों की पुश्तैनी जमींदारी की राजधानी विदिशा थी जहां के हाथीदांत के कारीगर प्रसिद्ध थे। उन्होंने ही सांची के कटाव किए हैं। स्तूप के चारों ओर रेलिंग वाले तोरण द्वार हैं जो अपनी विशालता और मूर्तियों से असाधारण रूप में शालीन बन गए हैं। भरहुत के रेलिंग आकृतियों

की सुरूपता में सांची के रेलिंग से भी बढ़ गए हैं। सांची और भरहुत के स्तूप तो पहले, शायद मौर्य-काल में ही बनकर तैयार हो गए थे, पर उनके रेलिंग शुंग-काल में बने। सांची भोपाल के पास है और भरहुत इलाहाबाद और जबलपुर के बीच नागोद में है।

शुंग-कला के केन्द्र पाटलिपुत्र (पटना), सांची और भरहुत तो थे ही, काशी के पास के सारनाथ, इलाहाबाद जिले के कौशाम्बी और भीटा, बोधगया, मथुरा, बेसनगर और सुदूर दक्खिन में जग्गमपेट भी थे। वहां पत्थर की मूर्तियों के अलावा मिट्टी के असंख्य ठीकरे मिले हैं जो अपनी सुन्दरता और अनेकता में अकेले हैं, उनसे मथुरा, लखनऊ और इलाहाबाद के अजायबघर भरे पड़े हैं। नारी-पुरुषों के जोड़े, पिकनिक करते लोगों के नाच-रंग, पुरानी रोमांटिक कथाएं, गांव-नगर के दृश्य इन पर अभिराम रूप में खुदे हुए हैं। इन मिट्टी के खिलौनों पर ज़रा-सी जगह तक खाली नहीं रहने दी गई है। खिलौनों में विशेष उल्लेखनीय मेढ़े, मगर और भेड़ें या बैलजुती गाड़ियां हैं–अद्भुत सुन्दर, सांचे में ढली, जैसी फिर कभी न बन सकीं और इनकी संख्या सैकड़ों-हजारों में नहीं, लाखों में है।

कोशाम्बी के एक ठीकरे पर तो उदयन के साथ राजकुमारी वासवदत्ता के उज्जैन से कोशाम्बी भागने की कथा बड़ी सुन्दरता से खुदी है। उदयन बड़ा प्रेमी राजा था, बुद्ध का समकालीन। वीणा खूब बजाता था, वीणा बजाकर हाथी पकड़ा करता था। एक दिन उसके शत्रु अवन्ति के राजा ने धोखा देकर उसे कैद कर लिया। फिर उसने जो उसे अपनी बेटी वासवदत्ता को वीणा सिखाने के लिए नियुक्त किया तो राजकुमारी उस पर रीझ गई। एक रात दोनों हथिनी पर चढ़कर भाग गए। उनका पीछा किया गया और उसी का चित्र उस ठीकरे पर खिंचा है। इसमें राजा को पकड़े वासवदत्ता बैठी है, तेज़ चलने के लिए हथिनी पर अंकुश का प्रहार हो रहा है। पीछा करने वालों को भरमाने के लिए पीछे बैठे नौकर ने सोने के सिक्कों से भरा ताला खोल दिया है। यह ठीकरा भारत कला भवन, काशी में सुरक्षित है।

कुषाण युग

नन्दों के समय सिकन्दर ने पंजाब पर हमला किया था। साथ ही उसने बल्ख़ भी जीता था, जहां बाद में छूटे हुए ग्रीकों ने अपना राज्य कायम किया था। वह राज्य वहां करीब दो सौ साल चला। उसका भारत के लिए विशेष महत्त्व था, क्योंकि बल्ख के ग्रीकों ने सिन्ध और पंजाब को जीतकर उन पर शासन किया था, वहां और नगर बसाए गए थे, अपना रंगमंच खड़ा किया था, अपने नाटक खेले थे और भारतीय रीति-रिवाज, साहित्य-कला, ज्ञान-विज्ञान को प्रभावित किया था। भारत में आकर उन्होंने भारतीय धर्म भी अपना लिया था। इनमें से कई शुंगों के समय में भी थे और उनमें से एक मीनान्दर को पुष्यमित्र ने हराया भी था।

उस समय कुछ और विदेशी जातियों ने भी भारत पर राज्य किया। इनमें से एक तो ईरानी थे जिन्हें हिन्दू-पार्थव या पह्लव कहते थे, दूसरे शक। शकों का भारत पर गहरा प्रभाव पड़ा। उन्होंने सिन्ध, तक्षशिला, मथुरा, उज्जैन, महाराष्ट्र–पांच-पांच जगह अपने केन्द्र बनाकर राज्य किया। उनके सम्पर्क से भारतीय ज्योतिष को बड़ा प्रोत्साहन मिला। उन्हें पहले तो मालवों ने हरा दिया और दक्खिन के आन्ध्र-सातवाहनों से भी उनकी भयानक लड़ाइयां हुईं, पर जैसे-तैसे वे उधर बने रहे, पर आखिरी बार चन्द्रगुप्त विक्रमादित्य ने उनका बल तोड़ दिया।

आन्ध्र-सातवाहन मौर्यों-शुंगों के समय से ही दक्षिण में प्रबल होने लगे थे और कृष्णा नदी की घाटी से उठकर सारे दक्षिण भारत पर समुद्र से समुद्र तक छा गए थे। उनका सबसे प्रबल राजा गौतमीपुत्र शातकर्णी

था। सातवाहन भी शुंगों की ही भांति ब्राह्मण थे। उत्तर में शुंगों के बाद मगध के राजा फिर ब्राह्मण कण्व हुए और अंत में दक्खिन के सातवाहनों ने उनसे मगध का राजदण्ड छीन लिया । उनके बाद शक आए और उन्होंने उत्तर भारत का राज्य सातवाहनों से छीन लिया। ग्रीक दिमित की ही तरह शक अम्बाल पाटलिपुत्र तक बढ़ आया और वहां उसने बड़ी मारकाट की।

कनिष्क काल की मूर्ति

उन्हीं दिनों चीन के उत्तर-पश्चिम में बसने वाली युहूची (ऋषीक) नाम की एक प्रबल जाति ने बल्ख और पूर्वी ईरान, काबुल और कश्मीर जीत लिया। इनमें पांच छोटी जातियां थीं जिनमें प्रबल 'कुषाण' कहलाती थी। बाद में पांचों ने मिलकर अपना नाम 'कुषाण' धारण किया। इस कुषाण जाति का सबसे महान् राजा कनिष्क था। उसने पटना तक का सारा क्षेत्र जीत लिया। वह बौद्ध था और उसने भी अशोक की ही तरह बौद्ध धर्म का प्रचार कराया। उसके दरबार में बड़े-बड़े बौद्ध पंडित और साहित्यकार थे। शायद प्रसिद्ध वैद्य चरक भी तभी हुआ और नागार्जुन भी, जिसने बौद्धों का महायान सम्प्रदाय चलाया।

महायान हिन्दुओं के भक्ति सम्प्रदाय से प्रभावित था और बुद्ध को अपना आराध्य देवता मानकर चला था। इसमें बुद्ध के पिछले जन्मों को महत्त्व दिया गया। उन जन्मों के बुद्ध को 'बोधिसत्त्व' कहा गया और उन्हें पूजा गया। बोधिसत्त्व उस अवस्था को कहते हैं जो बाद में बुद्ध हो जाए। महायान सम्प्रदाय के चलते ही बोधिसत्त्वों की मूर्तियों से देश भर गया। बुद्ध की मूर्ति भी तभी पहले-पहल बनी और फिर

कुषाण युग की कृति

अनन्त संख्या में बनती चली गई। कुषाण-काल इस तरह भारतीय मूर्तिकला के लिए बड़े महत्त्व का सिद्ध हुआ। तब यहाँ लाखों मूर्तियां बनीं और देश कला के प्रतीकों से भर गया। मथुरा, सारनाथ, अमरावती और नागार्जुनकोंडा कुषाण-कला के केंद्र हुए, जहां से मूर्तियां बन-बनकर देश भर में फैलीं। पहले कहा जा चुका है, जब-जब भारत विदेशी जातियों के सम्पर्क में आया, जब-जब वे जातियां यहां बसीं और यहां की जातियों से घुली-मिलीं, तब-तब भारतीय संस्कृति और कला को नई शक्ति व दिशा मिली। ईरानी, ग्रीक, शक सभी अपना सर्वस्व इस धरा को अर्पण करते हुए इसमें समा गए और अब कुषाणों ने भी वही आचरण किया।

उसी काल में पश्चिम के इटली देश में एक नया साम्राज्य कायम हुआ था, रोम का, जिसने करीब-करीब सारा यूरोप और सारा पश्चिमी एशिया जीत लिया था। रोम का पहला सम्राट आगुस्तुस था। उन्हीं दिनों यहूदियों के देश जूदिया (फिलिस्तीन) में नजरथ के एक बढ़ई के लड़के ने प्रेम और भाई-चारे का घूम-घूमकर प्रचार करना शुरू किया। उसने आने वाले ईश्वरीय राज की भविष्यवाणी की, जिससे यहूदी और रोमन सम्राट, दोनों चिढ़ गए। अपने विचारों के लिए उस बढ़ई के लड़के को यरुशलम में सूली पर चढ़ना पड़ा, पर वह उस पर हंसता-हंसता, मरते समय भी अपने मारने वालों के अपराध के लिए भगवान् से क्षमा मांगता, चढ़ गया। उसका नाम ईसा था।

बुद्ध गांधार कला

ईसा के अहिंसक निहत्थे चेलों और विशाल रोमन साम्राज्य में युद्ध छिड़ गया। बड़े बलिदानों के बाद ईसा का धर्म जीता और रोमन साम्राज्य की राजधानी रोम के निकट वेटिकन सिटी में ही ईसाई धर्म-पिता 'पोए' का आसन जमा, जो आज तक कायम है। ईसा के पहले अशोक ने उधर के ग्रीक राजाओं से सम्पर्क बढ़ाया था और बौद्ध धर्म का प्रचार उधर भी हुआ था। निश्चित है कि अहिंसा, दया और प्रेम का वह भारतीय सन्देश ईसा पर भी अपना प्रभाव डाले बगैर न रहा होगा।

ईसा का जन्म संसार के लिए बड़े महत्त्व का था। और बातों के अलावा ईसा के समय से एक नया संवत् चला, जिसका प्रचलन आज संसार के सभी सभ्य देशों में है। हम भी उसका प्रयोग करते हैं। ईसा कनिष्क के ही युग में हुए थे और उनका ईस्वी संवत् कनिष्क के चलाए शक संवत् से कुछ ही पहले चला था।

यहां कुषाण-कला पर लिखने से पहले गांधार-शैली पर दो शब्द लिख देना उचित होगा। गांधार-शैली भारतीय मूर्तिकला का एक नया ढंग है, नई पद्धति है। शुरू यह कुषाण-काल में ही पश्चिमी पंजाब में हुई और इसका विस्तार ईस्वी पहली सदी से पांचवीं सदी तक माना जाता है। इस शैली की मूर्तियां तीखे यूरोपीय नक्श में बनी हैं, इनके कपड़े लहरदार हैं। अनाड़ी व्यक्ति भी इन्हें देखते ही कह देगा कि ये भारतीय नहीं हैं और इनकी शक्लें यूरोपीय हैं। हजारों की तादाद में स्लेट पत्थर की ये मूर्तियां पंजाब और अफ़ग़ानिस्तान में मिली हैं। इनमें हजारों बुद्ध की मूर्तियां हैं, हजारों उनके जीवन की घटनाओं के पत्थर

पर खुदे हुए दृश्य हैं।

ज़ाहिर है कि इन्हें तैयार करने वालों की छेनी ग्रीक थी। भारत की सीमा पर और सिन्ध-पंजाब में करीब दो सौ साल तक ग्रीकों का राज्य रहा था। उन्होंने वहां अपनी साहित्य-कला को विकसित किया, पर स्वयं उनकी कला भारतीय संस्कृति की चेरी बन गई। भारतीय प्रतीकों को उन्होंने ग्रीक छेनी से, ग्रीक-शैली से संवारा और अंकित किया। इसी से उस गांधार-कला का रूप तो ग्रीक है, पर उसके विषय और प्राण भारतीय हैं। उसका केन्द्र तक्षशिला था जो गांधार प्रदेश की राजधानी थी, ग्रीकों का प्रशासनिक मुख्यालय और इसी से उस कला को गांधार-कला कहते हैं। यह कला भारतीयों को ग्रीकों की देन है। बुद्ध की पहली मूर्ति शायद उसी कला ने बनाई। वह कितनी अद्भुत संस्कृति थी जिसने उस क्षेत्र में अपना-पराया कुछ न माना, बुद्ध की मूर्ति को उदारतापूर्वक स्वीकार किया और उसकी लाखों मिसालें बाद में गढ़ दीं, मिसालें जो बराबर सुन्दर से सुन्दरतर बनती चली गईं।

मथुरा-शैली

गांधार-शैली कुषाण-युग की देशी-विदेशी मिली-जुली शैली थी, मथुरा-शैली शुद्ध भारतीय थी। कुषाणों की केन्द्रीय शैली मथुरा में ही फली-फूली। काल के अनुसार उसका विस्तार ईसा की पहली सदी से तीसरी सदी तक है।

वैसे तो तकनीक के विचार से मथुरा की कला सांची और भरहुत की ही विस्तारित शाखा है, पर कुषाणों की आकृतियों का चिपटापन इतना खलता नहीं। प्राचीन चिपटापन अब धीरे-धीरे अंडाकार हो गया। यद्यपि यह पूरा अंडाकार हुआ नहीं, पर अंडाकार होने के रास्ते में था। उसका उभार स्पष्ट है।

नारी : मथुरा शैली

मथुरा में जैनों और बौद्धों, दोनों के स्तूप हैं। इनके चारों ओर 'रेलिंग' रहती थी। इन पत्थर के रेलिंगों के

यक्षिणी-मथुरा शैली

खम्भों और दौड़ती बाड़ों पर अनन्त अभिराम, जानवरों-फूलों की आकृतियां, अलंकरण, मूर्तियां उभरी हुई हैं। नंगी-अधनंगी, नाचती, फूल तोड़ती, नहाती, सुग्गे से खेलती, बाजा बजाती, गेंद उछालती, दोहद (अशोक वृक्ष को प्रफुल्लित करने के लिए नूपुर पहन कर बाएं पैर से मारना) करती नारियों की अद्भुत, अभिराम, स्वाभाविक, असंख्य अलंकरण वाली मूर्तियां बनी हैं। वहां नारी को कलाकार ने सभी रूपों में देखा है; उसके अल्हड़पन, हाव-भाव-विलास को बहुत पास से निहारा है। जीवन इन कला की आकृतियों, अभिप्रायों, अलंकरणों में उमड़ पड़ा है।

एक दूसरा वर्ग यक्ष-यक्षी मूर्तियों का है। पहले शुंग-काल के यक्ष-यक्षी देवता की तरह दूर से मनुष्य के प्रति कल्याण के भाव से मुस्कराते उनसे अलग-से थे। अब वे प्रायः मनुष्यों के अपने हो जाते हैं।

यक्षों के राजा कुबेर की मूर्ति भी इस युग में खूब बनी। ठीक किसी सेठ-सा पेट निकाले वह बैठता है। उसके हाथ में रुपयों का तोड़ा होता है जिसका आकार नेवले-बौने-सा होता है।

यक्षिणी मूर्तियां अधिकतर नंगी या झीना वस्त्र पहने मानव-बौने

पर खड़ी रहती हैं। कमनीय नारी-मूर्ति जो पुरुष-मानव को उसकी तृष्णाओं के रूप में कुचले दे रही है और नारी रूपी अपनी तृष्णाओं के भार से मनुष्य कुचला जा रहा है, उसकी आंखें और जीभ निकली जा रही हैं, वह अपनी तृष्णाओं के मान में बौना हो गया है।

बुद्ध : मथुरा शैली

तीसरा वर्ग बौद्ध मूर्तियों का है। बौद्ध सम्प्रदाय के देवताओं की इतनी मूर्तियां कुषाण-काल में मथुरा में बनी हैं कि अगर उसे बौद्धकाल कहा जाए तो कुछ बेजा न होगा। त्रिचिंदर (तीन वस्त्र–अधोवस्त्र यानी धोती, उत्तरासंग यानी ऊपर का कपड़ा और संघाटी यानी ओढ़ने वाला शाल-सा लहरिया वस्त्र) पहने खड़े बुद्ध की मोटाई-ऊंचाई-चिपटापन वगैरह पुराने विशाल यक्षों-सा है पर उनका लहरिया शाल गांधार-शैली से मिलता-जुलता है। फिर भी उनके बल और लहरें हल्की होती जा रही हैं और इस प्रकार उनके भारतीयकरण का प्रयास जारी है। इस प्रकार के खड़े बुद्ध मथुरा, लखनऊ, इलाहाबाद और सारनाथ के अजायबघरों में बड़ी संख्या में हैं। मथुरा-काल में बोधिसत्त्वों की असंख्य मूर्तियाँ भी बनीं। ये मूर्तियां कल्याणपूर्वक मुस्कराती, गहने पहने खड़ी या बैठी हैं। इनके अलावा जातक कथाओं

की अनेक कहानियां भी उस काल के पत्थरों पर खुदी हैं।

बौद्धों की ही भांति जैनों की भी अनन्त मूर्तियां कुषाण-काल में बनीं। मथुरा की जैन तीर्थंकरों की मूर्तियों से मथुरा और लखनऊ के अजायबघर भरे पड़े हैं। अनेक खड़ी मूर्तियां चौखम्भी हैं यानी चारों दिशाओं में जिनकी मूर्तियां हैं। बैठी मूर्तियाँ भी अनेक हैं। बुद्ध और जिनों की मूर्तियां, विशेषकर बैठी हुई, एक-सी लगती हैं। अन्तर बस इतना है कि जहां बुद्ध की मूर्तियां वस्त्र पहने होती हैं, जिनों की नंगी होती हैं। यह अन्तर न हो तो दोनों को एक-दूसरे से आसानी से अलग करना कठिन हो जाए।

मथुरा की कुषाण-कालीन मूर्ति-सम्पदा इतनी है कि उसके बयान के लिए एक पूरी पुस्तक चाहिए। यहां संक्षेप में उसकी ओर इशारा-भर किया गया है। फिर भी दो-एक मूर्तियों का हवाला अलग से भी दिया जा सकता है। इनमें एक तो काफी ऊंची मूर्ति श्री लक्ष्मी की है, जो लखनऊ के अजायबघर में रखी है। अपनी सजीवता और सुन्दरता में वह अद्भुत है। दूसरी प्रसाधिका की मूर्ति काशी के कला-भवन में है। वह सिर पर रत्न और फूल के गजरों से भरी एक पेटिका लिए हुए है।

प्रसाधिकाएं अभिजात महिलाओं की अनुचरी होती थीं। उनका काम अपनी स्वामिनी के शृंगार में मदद करना होता था। नाग और नागी मूर्तियों की भी मथुरा-कला में बहुतायत है। ज़ाहिर है कि तब इनकी पूजा प्रचलित थी। मथुरा के अजायबघर में कुषाण-काल की बनी अत्यन्त सुन्दर शृंगी ऋषि की एक मूर्ति है जिन्होंने दशरथ का पुत्रेष्टि यज्ञ कराया था।

कुषाण काल की मूर्ति

ऋषि ने नारी पहली बार देखी है और विस्मय से पहली उंगली होंठों पर जा पहुंची है, आंखों की पुतलियां घूम गई हैं। ऊपर पगड़ी में सामने शायद सींग बने हैं।

मथुरा की सूर्य की एक मूर्ति भी बड़ी विलक्षण है। यह सूर्य की पहली भारतीय मूर्ति है। वह छोटी पगड़ी, कुषाण राजाओं की अचकन, घुटनों तक मध्य एशियाई बेट पहने हुए है। कमर से खंजर लटक रही है। सूर्य की मूर्ति भारत में बहुत बाद में बनने लगी थी। यहाँ की पूजा शकों ने प्रचलित की और उसकी पूजा के लिए मग ब्राह्मणों और शकलद्वीपी ब्राह्मणों को बाहर से बुलाया। इसी कारण इस सूर्य मूर्ति की शैली सर्वथा विदेशी और अभारतीय है। इसी काल में वासुदेव कृष्ण के जीवन

सूर्य मूर्ति

एक कलाकृति

ी घटनाएं पत्थर में काटी जाने लगीं। ऐसी एक घटना मथुरा की पट्टिका र खुदी हुई है, जिसमें वासुदेव शिशु कृष्ण को लेकर यमुना लांघ रहे ें।

एक वर्ग की मूर्तियां ऐतिहासिक महत्त्व रखती हैं। ये कुषाण राजाओं ा उनके रिश्तेदारों की हैं। इन्हीं में विम, कनिष्क और चष्टन की मूर्तियां ें। कनिष्क की मूर्ति मस्तकहीन है। उनके नाम का पता उन पर खुदे लेख से चलता है। हाथ में तलवार और राजदण्ड है। इन सभी मूर्तियों का पहनावा विदेशी है–अचकन, सलवार, बूट। ये सब देवकुल नाम के गांव से मिली हैं। देव तब राजा को कहते थे। लगता है, देवकुल कुषाण राजघराने की मूर्ति-गैलरी थी।

कुषाण, वास्तु-खण्डों में ऊपरी चौखट और निगस्तों को अद्भुत आकृतियों से सजाते थे। तोरण तो अत्यन्त सुन्दर होते थे, वे अधिकतर

कुषाण काल की मूर्ति

मगर की शक्ल के होते थे। मगर की आकृति वाली नालियां भी उस काल में होती थीं, जिनके कई नमूने लखनऊ के अजायबघर में रखे हैं। द्वार के बाजू के खम्भों के दोनों ओर एक के ऊपर एक कटे खानों में प्रसाधन या शृंगार करती नारियों की आकृतियाँ बनी मिलती हैं, अत्यन्त आकर्षक। संस्कृत साहित्य जैसे उनमें मूर्त हो उठा है।

कुषाणकालीन मिट्टी की मूरतों की ओर संकेत किए बगैर यह प्रसंग खत्म करना मुनासिब न होगा। इन मिट्टी के ठीकरों, बौनों, खिलौनों आदि की भी उस कला में अनन्त संख्या है। पुरुष-स्त्री के जोड़े, किन्नर-किन्नरियां, सभी एक से एक सुन्दर बने हैं।

मथुरा की मूर्तियां एक खास पत्थर की बनी हैं–लाल पत्थर की,

जिन पर सफेद छींटेनुमा धब्बे पड़े हैं। कुषाण-कला में आकृतियां अभी चिपटी ही हैं, पर शुंगकालीन आकृतियों से कहीं अधिक उभरी। मुंह कुछ चौड़ा होता है, आकृति भारी, कुछ रुखड़ी होती हैं, पर अत्यन्त सुघड़। विशेषकर नारी-मूर्तियां बड़ी कमनीय, नारीत्व का आकर्षण लिए हुए हैं। उनकी केश-सज्जा पहले और पीछे की मूर्तियों से भिन्न है। सामने लौटे हुए बालों की बनावट गोल होती है और नीचे से दोनों ओर बाल पीछे को खींच लिए गए होते हैं। चिपटी-चौड़ी करधनी भी उस काल का एक परिचय चिह्न है। बुद्ध और जिन की बैठी मूर्तियों में पैरों के उल्टे हुए तलवे और उंगलियां कुछ लकड़ी की-सी चिपटाहट लिए हुए हैं।

यहाँ ब्राह्मण धर्म के कुछ देवताओं का उल्लेख किया जा चुका है। यह भी कह देना उचित होगा कि तब तक विष्णु के अतिरिक्त शिव के विस्तृत परिवार की भी पूजा होने लगी थी–शिव, गणेश, स्कन्द, कार्तिकेय, काली, दुर्गा आदि की। सप्त मातृकाओं तथा सातों पर चढ़ी यमुना की मूर्तियां पहले-पहल कुषाणकालीन कला में ही मिलती हैं।

दक्षिण की कुषाण-कला

जिन दिनों उत्तर में कुषाण-कला फल-फूल रही थी, उन्हीं दिनों दक्षिण में कला आन्ध्र-सातवाहनों की संरक्षण में फैल रही थी। आन्ध्र के लोग प्राचीन काल से ही बड़े निर्माता रहे थे। वे अपने गुफा-मन्दिरों के निर्माण के लिए प्रसिद्ध थे। शुंगकाल में ही उन्होंने पश्चिमी घाट और कोलाबा में गुफाएं कटवाई थीं, अब कुषाण-काल में उन्हीं के प्रोत्साहन से कालै, कन्हेरी और नासिक की गुफाएं खुदीं। परन्तु उनके चमत्कारी निर्माण गुंटूर जिले में कृष्णा नदी के किनारे हैं–अमरावती और नागार्जुनकोंडा के स्तूप।

अमरावती में ईसा से प्रायः दो सौ साल पहले बौद्ध स्तूप बना था। ईसा से प्रायः दो सौ साल बाद उस ईंट के स्तूप पर संगमरमर की दोहरी पट्टियां चढ़ा दी गईं। साथ ही स्तूप को संगमरमर के रेलिंग से घेर दिया गया। यह घेरा सांची के रेलिंग की ही तरह कला का आश्चर्य है। इस पर अत्यन्त सुरुचि का काम हुआ है। उसको खूबसूरत बनाने के लिए जिन प्रतीकों का प्रयोग किया गया है, उनकी कारीगरी अत्यन्त सुन्दर है। स्तूप की पट्टिकाओं पर भी छोटे-छोटे सुन्दर स्तूपों की आकृतियां उभारी गई हैं।

बुद्ध की खड़ी मूर्तियां एक असाधारण जीवन लिए हुए हैं। उनकी पूजा में जो नारी-मूर्तियां नतमस्तक हैं, उनकी कमनीयता अकथनीय है। बाद में आबू पर्वत के दिलवाड़ा के जैन मन्दिर में भी संगमरमर का काम हुआ है, अनेक प्रतीक और डिजाइनें बनी हैं, परंतु वह काम कमजोर है। उसके मुकाबले अमरावती का काम निहायत सोफियाना

है, जो देखते ही बनता है। नागार्जुनकोंडा भी उससे ज्यादा दूर नहीं है। वहां भी प्रायः तभी का स्तूप मिला है जिसकी बनावट की सफाई और आकृतियों की सुन्दरता सराहनीय है।

गुप्त युग

गुप्त युग की कला भारतीय कला की सिरमौर है। भारत के पांच हजार वर्षों का इतिहास उसकी कला की अनेक मंज़िलें प्रस्तुत करता है, एक से एक बढ़कर, एक से एक समृद्ध। आकृतियों की सुघड़ता, प्रतीकों की रुचि इत्यादि में गुप्त-कला सर्वश्रेष्ठ है। कुषाण-कला किन पथों से होकर गुप्त-कला की सुकुमारता और सामर्थ्य तक पहुंची यह इतिहास का विषय है, पर उस ओर संकेत कर देना अनुचित न होगा।

कुषाणों के पिछले काल में मध्य भारत में एक प्रबल राष्ट्रीय शक्ति उठी। उसके तीन केन्द्र थे–भिलसा (मध्य प्रदेश), ग्वालियर के पास पदम पवांया और मिर्जापुर के पास कंतित। उसके नेता नागवंशी क्षत्रिय थे। वे शिव के भक्त थे और पीठ पर शिवलिंग धारण करते थे। इसी से उनका नाम ही भारशिव नाग पड़ गया। उन्होंने विदेशी कुषाणों से भारत को मुक्त कराने का बीड़ा उठाया और उन्हें तीसरी सदी ईस्वी के आरंभ में बार-बार हराकर अश्वमेध किया। काशी में उनके दस बार अश्वमेध करने से ही वहां के एक प्रसिद्ध पवित्र घाट का नाम दशाश्वमेध घाट पड़ा। इन्होंने एक विशेष प्रकार के मन्दिर-शिखर का चलन किया जो 'नागोद' कहलाता है। इनके बनवाए नागोद-भूमरा के शिव का रूप देखते ही बनता है। आकृति पूरी अंडाकार हो गई है।

धीरे-धीरे नागों का अधिकार मध्य भारत के ब्राह्मण राजा वाकाटकों के हाथ में आ गया। नागों और बाद में गुप्तों ने भी वाकाटकों को अपनी बेटियां दीं। वाकाटकों में प्रवरसेन प्रबल सम्राट् हुआ। वाकाटकों के बनवाए भूमरा के पास नचना के शिवमन्दिर और खोह के शिव मंदिर

असाधारण रूप से दर्शनीय हैं। धीरे-धीरे उत्तर में गुप्त प्रबल हुए और समुद्रगुप्त ने नागों की सम्मिलित शक्ति कौशाम्बी की लड़ाई में तोड़ दी। नागों का संहार कर उसने दक्षिण तक के राजाओं पर विजय प्राप्त की। पर वाकाटकों का राज्य बना रहा। उनसे विवाह-सम्बन्ध बनाकर चन्द्रगुप्त विक्रमादित्य ने उनसे मैत्री स्थापित की और इस प्रकार शकों को जीतने के लिए राह तैयार की।

वैसे तो गुप्तवंश का आरम्भ गंगा-यमुना के दोआबे में तीसरी सदी के अन्त में हो गया था, पर उसकी शक्ति का आरम्भ 320 ई. के आसपास चन्द्गुप्त प्रथम ने किया। उसी वर्ष उसने प्रसिद्ध गुप्त-संवत् चलाया। समुद्रगुप्त उसी का बेटा था और गुप्त सम्राटों में सबसे महान् शकारि चन्द्रगुप्त द्वितीय विक्रमादित्य उसका पोता। कुमारगुप्त के समय गुप्त-कला का चरम विकास हुआ। उसके बेटे स्कन्दगुप्त विक्रमादित्य के समय चीन के हूणों ने रोमन-साम्राज्य की ही भांति गुप्त-साम्राज्य को भी तोड़ डाला। स्कन्दगुप्त अपने तप और बलिदान से भी उनसे देश की रक्षा न कर सका। करीब 300 से 600 ईस्वी तक का काल गुप्त युग कहलाता है। उसी बीच संस्कृत के महाकवि कालिदास भी हुए।

गुप्त-युग में साहित्य और कला की अद्भुत उन्नति हुई। अजन्ता और बाघ गुफाओं के जगत्प्रसिद्ध चित्र भी तभी बने। साहित्य, मूर्तिकला, चित्रकला के क्षेत्र में गुप्तों के सदृश कुछ नहीं है। उनके सोने के सिक्के ढालने की कला बेजोड़ है। धातुओं की ढलाई का अनुमान हमें उस काल की कुर्किहार की तांबे, पीतल और कांसे की मूर्तियों से लगता है। दिल्ली में कुतुब की लाट के पास ही चन्द्रगुप्त की बनवाई लोहे की लाट आज डेढ़ हजार साल से धूप और वर्षा में खड़ी है, पर उस पर उनका कोई असर नहीं हुआ।

गुप्त-काल में बौद्ध और ब्राह्मण दोनों धर्मों की मूर्तियों का काफी विकास हुआ। यह स्वाभाविक ही था, क्योंकि साहित्य और कला की

उन्नति सम्प्रदाय-विशेष की नहीं होती, युग की होती है। कला का तब सर्वतोमुखी विकास हुआ। धातुकला, मूर्तिकला, मिट्टी की मूर्तियों की कला, चित्रकला, सभी अपने चरम शिखर पर पहुंचे।

धर्मचक्र प्रवर्तन मुद्रा

गुप्त-युग की खड़ी और बैठी बुद्ध की मूर्तियाँ संसार के कला विशेषज्ञों के लिए आश्चर्य हैं। मथुरा अजायबघर में खड़ी बुद्ध की मूर्ति शान्ति और गम्भीरता में अपना सानी नहीं रखती। जीवों को अभय प्रदान करती वह मूर्ति नासाग्र पर नेत्र टिकाए अद्‌भुत सन्तोष से खड़ी है। चीवर की लहरियां अत्यन्त हल्की हो गई हैं, मुखमण्डल अंडाकार है। इसी प्रकार धर्म-चक्र प्रवर्तन मुद्रा (धर्म का चक्कर घुमाते हुए) में बैठी सारनाथ की बुद्ध मूर्ति भी शान्ति की अद्‌भुत काया है। उसके वस्त्र की लहरियां शरीर में खो गई हैं। ग्रीक कला के इस चिह्न को भारतीय कलाकारों ने अंगीकार कर भारतीयकरण की सीमा छू ली। दोनों मूर्तियों के प्रभामंडल का काम अत्यन्त सुन्दर है। सुल्तानगंज (भागलपुर) की साढ़े सात फुट ऊंची तांबे की बुद्ध मूर्ति, जो अब इंग्लैंड के बर्मिंघम म्यूज़ियम में है, मथुरा वाली मूर्ति की भांति अभयमुद्रा में खड़ी है। उसकी गंभीरता और तुष्टि भी अनुपम है। ये तीनों संसार की सबसे सुन्दर बुद्ध-मूर्तियां हैं।

गुप्त-सम्राट् विष्णु के भक्त थे और अपने को 'परम भागवत' कहते थे। परन्तु धार्मिक सहिष्णुता में उनका दृष्टिकोण अशोक और अकबर जैसा था। दूसरे सम्प्रदायों की उन्नति उन्होंने कभी नहीं रोकी। यही

कारण है कि बौद्धों की सबसे महान् और सुन्दर मूर्तियां वैष्णव धर्म को मानने वाले गुप्तों के युग में बनीं। ब्राह्मण धर्म की मूर्तियों का सुन्दर बनना तो स्वाभाविक ही था। उस काल में विष्णु और शिव के मन्दिर भी एक से एक दर्शनीय बने, पर दुर्भाग्यवश आज उनमें से एक भी साबुत नहीं बचा है। फिर भी उनके खण्डहरों और वहां से मिली मूर्तियों से ब्राह्मण-कला के सौन्दर्य का पता चलता है।

झांसी जिले के पास देवगढ़ में एक गुप्त मन्दिर के खंडहर हैं। उसके बाहर दीवारों पर असामान्य सुन्दर देवताओं की मूर्तियाँ बनी हैं। इनमें विशेषकर शेषशायी विष्णु, गजेन्द्र-मोक्ष, नर-नारायण आदि तो असाधारण सजीवता लिए हुए हैं। नर और नारायण की मूर्तियाँ शरीर की कमनीयता और काया की सशक्त सुकुमारता में भारतीय कला में बेजोड़ हैं। कानपुर के पास के गुप्त-मन्दिर की ईंटें स्वयं प्रतिमाओं की तरह भांति-भांति से सजाई गई हैं। सांचे में ढली ये ईंटें रंग-बिरंगे फूलों और डिजाइनों से सजी हैं। इस प्रकार की ईंटें संसार में कहीं और प्रयुक्त नहीं हुईं। उस मन्दिर की दीवारों पर खानेदार सजावट में, डेढ़-डेढ़, दो-दो फुट की मिट्टी की बनी चौखूंटी पट्टियों में उभरी देवताओं की मूर्तियाँ और रामायण-महाभारत के अत्यन्त सजीव दृश्य हैं। ये मिट्टी की मूर्तियां अपने क्षेत्र में अद्वितीय हैं।

इनका एक सुन्दर संग्रह लखनऊ के अजायबघर में है। इसी प्रकार भिलसा के पास उदयगिरि में विष्णु के अवतार वाराह की शक्तिमान् उभरी हुई मूर्ति है। इसमें वाराह ने अपनी दाढ़ पर पृथ्वी को उठा रखा है। मिट्टी की छोटी मूर्तियां तो हजारों नहीं, लाखों में दिल्ली से पंजाब तक मिली हैं और अपनी सुगढ़ता में उसी प्रकार अद्वितीय हैं जैसे मथुरा और सारनाथ की बुद्ध-मूर्तियां। तांबे और धातु की मूर्तियों का एक बड़ा ढेर गया के पास कुर्किहार में मिला था। उनमें अनेक सुन्दर मूर्तियां गुप्त-काल की हैं जो पटना के अजायबघर में रखी हैं।

गुप्तों ने लाटों की भी परम्परा लौटाई। दिल्ली में कुतुब के पास

खड़ी लोहे की लाट का जिक्र किया जा चुका है। स्कन्दगुप्त विक्रमादित्य ने पत्थर की एक लाट विष्णु की सेवा में गाजीपुर के पास सैदपुर-भीतरी गाँव के मैदान में खड़ी की और उस पर अपनी प्रशस्ति खुदवाई।

गुप्त-काल में ब्राह्मण पौराणिक धर्म की विशेष उन्नति हुई। आज का हिन्दू धर्म बहुत हद तक तभी का बना हुआ है। असंख्य देवी-देवता तब पूजा में व्यवहृत होने लगे। उनकी अनन्त मूर्तियां बनीं और देशभर में पूजी जाने लगीं। भूमरा, नचना और खोह की शिवमूर्तियों का संकेत ऊपर दिया जा चुका है। उनमें से खोह के शिव और भूमरा के गण इलाहाबाद के अजायबघर में रखे हुए हैं। इन गणों की विविध कौतुकी बौनी शक्लें मन को मोह लेती हैं। शिव और विष्णु के अतिरिक्त उनके परिवार के अनेक देवी-देवताओं की मूर्तियाँ भी गुप्त-काल में बनीं जो अजायबघर में आज भी देखी जा सकती हैं। लक्ष्मी, सरस्वती, दुर्गा, पार्वती, महिषासुरमर्दिनी, गंगा-यमुना, यम, कुबेर, गणेश, स्कन्द, कार्तिकेय, सप्त मातृकाएं, ब्रह्मा आदि की अनगिनत मूर्तियां गुप्त मूर्तिकला की निधियों में सुरक्षित हैं।

गणेशजी

गुप्त कला अपनी सादगी, सुरुचि और सुकुमार काया से बड़ी आसानी से

पहचानी जा सकती है। उभरा हुआ पूरा अंडाकार चेहरा, पतला जिस्म, सिर के घुंघराले बाल, सजीवता का आभास देने वाली बनावट से क्या पत्थर, क्या मिट्टी, क्या धातु, सभी गुप्त-मूर्तियां औरों से एकदम अलग हैं। तब लोग सिरों पर झूठे घुंघराले बाल भी पहनते थे। इन घुंघराले बालों के गुच्छे कन्धों पर गिरे रहते हैं। मिट्टी की छोटी मूर्तियों का अंडाकार उभार पीछे समाप्त हो गया है और मस्तक के ऊपर गोल शिखर में एक सुराख है जिससे सिद्ध है कि ये मस्तक भी शुंग-कुषाणकालीन ठीकरों की तरह तस्वीरों की भांति तब के अमीरों के कमरों में दीवारों पर टांगे जाते थे।

यद्यपि गुप्त सम्राटों की परम्परा स्कन्दगुप्त के बाद छठीं सदी में समाप्त हो गई, पर मगध और मालवा के छोटे-छोटे गुप्त राजा सदियों तक राज्य करते रहे। गुप्त कला की प्रधानता भारतीय कला के क्षेत्र में सदियों बाद तक बनी रही। हालाँकि हूणों ने कला की भी काफी हानि की। प्राचीन मूर्तियां चूर-चूर कर डालीं। पहले ब्राह्मण-मूर्तियों को शक-कुषाणों ने तोड़कर बौद्ध मूर्तियों की प्रतिष्ठा की थी, अब हूणों ने दोनों को तोड़ा। खण्डित मूर्तियों से आज हमारे अजायबघर भरे पड़े हैं।

पूर्व-मध्य युग

भारतीय मध्य युग 600 से 1200 ईस्वी के बीच माना जाता है। 600 ई. से 900 ई. तक पूर्व मध्य युग और 900 ई. से 1200 ई. तक उत्तर-मध्य युग। यह काल स्वतन्त्र मूर्तियों का उतना नहीं जितना मन्दिरों की अलंकार-मूर्तियों का है। इनमें से पहले युग में तो पुराण, रामायण, महाभारत के दृश्य गुफा-मन्दिरों में खोदे गए, दूसरे में मन्दिरों के अधिकतर बाहरी हिस्से या दीवारों पर अलंकार के रूप में मूर्तियों का निर्माण होता है। दोनों ही स्थितियों में मूर्तियों को गहनों से सजाने का चलन बढ़ता जाता है।

पूर्व मध्ययुगीन मूर्ति

यह चलन पूर्व काल की अपेक्षा उत्तर काल में और अधिक बढ़ गया। देवी-देवताओं की संख्या में भी वृद्धि हुई; जैन, बौद्ध और

मध्ययुगीन मंदिर

ब्राह्मण तीनों संप्रदायों की देव संख्या में भी। इस समय तक कला का हृदय खो चुका है और उसके बाहरी आडम्बर-भरे रूप का अधिकाधिक सिंगार होता है। यद्यपि इस काल की भी अनेक सुन्दर मूर्तियां जब-तब मिल जाती हैं, पर यह काल मूर्ति-निर्माण का इतना नहीं, जितना मन्दिर-निर्माण का था। अवतारों की संख्या बढ़कर दस हो चुकी थी, जिनमें बुद्ध को भी स्थान मिल गया था। वज्रयान और शाक्त-तांत्रिकों की पूजा के प्रचार से मन्दिरों में यौन और श्रृंगारी दृश्यों का अंकन भी शुरू हो गया था।

यहां गुफा-मन्दिरों पर हमें विचार नहीं करना है, पर उनकी मूर्तियों की ओर संकेत करते समय उनका उल्लेख जरूरी हो जाता है। इनमें विख्यात एलोरा और एलिफेंटा के गुफा-मन्दिर और मामल्लपुरम् के 'रथ' हैं। तीनों में प्राचीन कांजीवरम् के पास की चट्टानों में कटे सातवीं सदी

शिवजी

ईस्वी के पल्लव राजा महेन्द्रवर्मन और नरसिंहवर्मन के मन्दिर हैं जिन्हें 'रथ' कहते हैं। इन रथों के पौराणिक दृश्यों में सबसे महत्त्व का अट्ठानवे फुट लम्बा और तैंतालीस फुट चौड़ा भगीरथ की तपस्या वाला दृश्य है।

एलोरा की गुफाओं में ब्राह्मण, जैन और बौद्ध तीनों मन्दिर हैं, पर ब्राह्मण मन्दिर अधिक हैं। वहां के 39 गुफा-मन्दिरों में प्रधान कैलाश मन्दिर है। उसमें अनेक दृश्य हैं पर रावण का कैलाश पर्वत उठाने का दृश्य बड़ा अनूठा है। उसका निर्माण राष्ट्रकूट राजा कृष्ण प्रथम ने आठवीं

ब्रह्म-विष्णु-महेश मूर्ति

सदी ईस्वी में किया था। एलोरा, अजन्ता की ही तरह उससे करीब 120 कि.मी. दूर औरंगाबाद और दौलताबाद के पास है। एलिफेंटा का गुफा-मन्दिर मुम्बई के पास समुद्र में है, जो आठवीं सदी में बना। वहां शिव-पार्वती की अनेक सुन्दर मूर्तियां हैं। इनमें सबसे प्रसिद्ध त्रिमूर्ति है–ब्रह्मा, विष्णु, महेश की सम्मिलित विशाल मूर्ति। इन मूर्तियों और दृश्यों में बड़ी गति और सामर्थ्य है।

बुद्ध

ईसा के एकाध सौ साल पहले से ही मध्य एशिया, बर्मा, स्याम, कम्बुज, जावा, सुमात्रा आदि में बौद्ध और ब्राह्मण धर्मों का प्रचार शुरू हो गया था जो छठीं-सातवीं सदी ईस्वी तक

होता रहा। वहां बुद्ध आदि की अनेक मूर्तियां बनीं। कम्बुज के अंगकोर वाट और थोम में बौद्ध सम्प्रदाय की अगणित और अनुपम तथा बहुत विशाल मूर्तियां हैं। जावा के बोरोबुदुर और प्रंबनम के शिव मन्दिरों में जो अद्भुत मूर्तियां बनी हैं उनकी सुंदरता का बखान नहीं किया जा सकता। उनमें रामायण-महाभारत की कथाएं सजीव हो उठी हैं। इनके निर्माण का काल अधिकतर 600 ई. से 1200 ई. तक का है।

उत्तर-मध्य युग

उत्तर-मध्य युग में मन्दिरों की मूर्ति-सम्पदा बढ़ गई है, हालाँकि उस काल में फुटकर मूर्तियों की भी कमी नहीं। इनमें प्रधान उड़ीसा, बुन्देलखण्ड, गुजरात, राजस्थान और दक्षिण के मन्दिर हैं।

उत्तर-मध्ययुगीन मूर्ति

कोणार्क मंदिर की कृति

उड़ीसा के मन्दिरों में प्रधान भुवनेश्वर का शिव-मन्दिर, कोणार्क का सूर्य-मन्दिर और जगन्नाथपुरी का विष्णु-मन्दिर है। तीनों पर सैकड़ों यौन-दृश्य खुदे हुए हैं। स्पष्टतः इन पर वज्रयानी सिद्धों और शाक्त तांत्रिकों का प्रभाव है। भुवनेश्वर के मन्दिरों की अनेक नारी-मूर्तियां, विशेषकर उनके केश-सिंगार अत्यन्त सुन्दर हैं। कोणार्क के सूर्य मंदिर के घोड़े, रथ के पहिए और ग्रहों की गति और सजीवता अद्वितीय हैं। पुरी के मन्दिर की मूर्तियां जरूर कला की दृष्टि से बहुत कमजोर हैं। ये मन्दिर बारहवीं-तेरहवीं सदी ईस्वी में बने थे।

बुन्देलखण्ड के खजुराहो में उस काल का सबसे विलक्षण कंडरियानाथ महादेव का मन्दिर है। मन्दिर का प्रत्येक भाग गतिमान आकर्षक मूर्तियों से भरा है। इनमें यौन-दुश्यों वाले मूर्तियों की खासी संख्या है। गुजरात के मन्दिरों में सिद्धपुर पाटन, गिरनार और सोमनाथ के मन्दिर प्रसिद्ध हैं। सोमनाथ का मन्दिर महमूद गजनवी ने तोड़ डाला था। आबू पर्वत पर दिलवाड़ा में संगमरमर के जैन-मन्दिर हैं, जिनमें हजारों मूर्तियां और डिजाइनें हैं और प्रत्येक डिजाइन दूसरे से भिन्न है। पर इनका अलंकरण

ही इनकी कला की हेयता का कारण बन गया है।

इस काल की मूर्तियां अधिकतर काले पत्थर या संगमरमर की बनी हैं, यद्यपि चुनार के पत्थर की बनी मूर्तियों की संख्या भी कुछ कम नहीं। नक्श उनके तीखे हैं, भंग (बल) उनके बढ़ गए हैं। उन्हें देखकर धातु या संगमरमर की बनी मूर्तियों के तीखेपन की याद आ जाती है। विशेषकर पाल राजाओं के समय इस प्रकार की मूर्तियां विशेष रूप से बनीं। उनके समय की धातु की मूर्तियाँ प्रसिद्ध हैं। विष्णु और दूसरे अवतारों की मूर्तियां बढ़ गई हैं। मूर्तियां पत्थर में कटी होने पर भी अधिकतर चारों ओर से कोर कर बनाई गई हैं। फुटकर मूर्तियों में महोबा में मिली बोधिसत्त्व की मूर्तियाँ अद्भुत सुन्दर हैं, विशेषकर सिंहनाद अवलोकितेश्वर की मूर्ति तो कला की उत्कृष्टता में उस काल की मूर्तियों में अनुपम है। काले पत्थर की सरस्वती की खड़ी मूर्ति त्रिभंग मुद्रा में बेहद सुन्दर है। तीनों लखनऊ संग्रहालय में हैं।

दक्षिण की मन्दिर-मूर्तियां

उत्तर भारत में कला के विनाश का जो प्रारम्भ हूणों ने किया था, उसकी इति मुसलमानों ने की। अधिकतर मूर्तियों का बनना उत्तर में कम हो गया और उनका केन्द्र अब दक्षिण बना। दक्षिण में गगनचुम्बी महान मन्दिर इनके प्रमाण हैं। चोलों और पाण्ड्यों के तन्जौर और मदुरा

नटराज शिव की मूर्ति

के मन्दिर तथा होयसल राजाओं के मैसूर के मन्दिर उस काल की मूर्ति-सम्पदा से भरे पड़े हैं। इनमें दृश्यों की बहुतायत तो है ही, मूर्तियों में शक्ति और स्फूर्ति भी बहुत बढ़ गई है।

शिव की नटराज मूर्ति

यह स्फूर्ति वास्तव में उस युग की स्फूर्ति है जहां उत्तर उस काल में सोया पड़ा था; शंकर, रामानुज, अनेक शैव और वैष्णव सन्त जनता में अपने ज्ञान से नए प्राण फूंक रहे थे। उस काल के मूर्ति-जगत् और कला क्षेत्र में सबसे सजीव कल्पना नटराज की है। शिव का काल-पुरुष पर खड़े होकर सृष्टि और प्रलय का ताण्डव संसार के कला-क्षेत्र में अद्वितीय है। चतुर्भुज शिव एक हाथ में डमरू, दूसरे में अन्धकार दूर करने वाली ज्वाला और अशिव को जलाने वाली अग्नि की लपट लिए, बाकी दोनों हाथों को अभय और वरदान मुद्रा में धारण किए प्रबल वेग से नाच रहे हैं। शान्ति की स्थिति से पैर धीरे-धीरे उठता है, गतिमान होता है, गति अत्यन्त वेगवान होकर अपनी तीव्रता के कारण लट्टू की तरह एक पैर पर सहसा केन्द्रित हो जाती है। नटराज शिव निश्चय ही कला की पराकाष्ठा है।

आज पत्थर और धातु की हजारों नटराज-मूर्तियां दक्षिण में भरी पड़ी हैं। इनका अत्यन्त सुन्दर संग्रह अमेरिका के बोस्टन म्यूजियम में है। परन्तु ताण्डव नृत्य करते नटराज शिव की सबसे वेगवान, सबसे उत्कृष्ट, सबसे अद्भुत मूर्ति तंजौर के बृहदीश्वर मन्दिर में है।

वर्तमान युग

आज भी भारत में मूर्तियां बनती हैं, क्योंकि आज भी मूर्ति-कला के प्रशंसकों या भगवान के मन्दिरों की कमी नहीं। पर आज की मूर्तियों में न वैसी कला की सजीवता है, न सौन्दर्य। उनमें आकृति है, पर आत्मा नहीं झलकती। जयपुर में आज भी मन्दिरों में स्थापना के लिए मूर्तियां बनती हैं पर वे कला का उपहास करती हैं, उनका विकास नहीं। वे न तो पुरानी परम्परा में हैं, न नई में।

संभवतः करीब दो सौ साल के विदेशी शासन ने राष्ट्रीयता और स्वदेशी कला के प्रति जागरूकता मिटा दी थी और नवीन विदेशी प्रतीकों को समझने या उनके अनुकरण तक की सामर्थ्य नहीं रह गई थी। तब अवनीन्द्रनाथ ठाकुर ने अपनी प्राचीन विरासत की याद दिलाई। देश में कुछ काल से ब्रह्म-समाज, आर्य-समाज आदि के सुधारवादी आंदोलन चल रहे थे। उन्होंने अपनी प्राचीन दाय की याद दिलाई, जिससे एक बड़ा आंदोलन ही उठ खड़ा हुआ। अवनीन्द्रनाथ ठाकुर और हैवेल ने प्राचीन मूर्तियों और चित्रों की ओर उदीयमान कलाकारों का ध्यान आकृष्ट किया। पर जहां चित्रकला के क्षेत्र में अजन्ता की नकल में देशव्यापी लहर उठी वहीं उन्हीं के शिष्यों ने प्राचीन परम्परा के सैकड़ों सुन्दर चित्र बनाए। पर मूर्तिकला का क्षेत्र प्रायः सूना ही पड़ा रहा।

उत्तरी यूरोप में चित्रों की ही भांति मूर्तिकला में भी अनेक प्रयोग होते रहे। इम्प्रेशनिज्म, क्युबिज्म, फ्यूचरिज्म, सुर्रियलिज्म आदि के बाद कला में सोशल रियलिज्म (सामाजिक यथार्थवाद) का प्रादुर्भाव हुआ, पर भारत के कलाकार मूर्ति-निर्माण में सर्वथा पिछड़े रहे। देवीप्रसाद

आधुनिक मानव मूर्ति

रायचौधुरी और प्रभातरंजन खास्तगीर ने आधुनिक मानस-मूर्तियां बनानी शुरू कीं। खास्तगीर ने बस्टों के साथ ही कल्पना और स्वप्न के कुछ प्रतीक रचे, परन्तु इनका संपर्क न तो यूरोप में चलने वाले कला-सम्बन्धी प्रयोगों से हुआ, न स्वदेश के प्रगतिशील आन्दोलनों से। यद्यपि महापात्र और कुछ अन्य नए साधकों ने हाथों की सफाई मिट्टी और पत्थर की कृतियों में दिखाई, पर वास्तव में वे नकल पर नकल उतारते गए, असल से दूर रहे।

यथार्थ के दर्शन, कल्पना और मूर्त न कर सकने वाला कलाकार वर्तमान में जीवित न रहकर भूतकाल के प्रेत का जीवन बिताता है।

एक अपूर्व कृति

अपने चारों ओर देखने वाला जागरूक कलाकार ही वास्तव में जीवित है, क्योंकि वह यथार्थ सत्य की आराधना करता है। यदि वह जनता के साथ कदम मिलाकर चले तो वह हरगिज नहीं मर सकता। ऐसे कलाकार भारत में आज कम हैं, पर शान्ति-निकेतन, विश्वभारती के सफल मूर्तिकार रामकिंकर बैज निश्चय ही यथार्थ की ओर कदम उठाने वाले पहले कलाकार हैं। उपेक्षित, कंकाल, जनता की गहरी अनुभूति के धनी रामकिंकर ने असाधारण सहृदयता और संवेदनशीलता से अपनी छेनी का प्रयोग किया है। काश, अन्य कलाकार भी उनकी दिखाई दिशा की ओर अग्रसर होते।

इस समय देश में मूर्तिकला में कोई विशेष रुचि नहीं ली जाती, यह स्थिति वास्तव में मुगल-काल से ही देखी जा सकती है। यद्यपि मुगलकालीन शासन के कुछ बादशाहों जैसे अकबर और शाहजहां ने भवन-मस्जिद और मकबरों के निर्माण पर काफी ध्यान दिया, पर मूर्तिकला

पर प्रायः नहीं के बराबर ध्यान दिया गया। इसका मुख्य कारण सम्भवतः इस्लाम धर्म में व्यक्तियों के चित्र तथा मूर्तियों के निर्माण पर लगा प्रतिबंध है। किसी भी मुगल बादशाह की कोई भी मूर्ति कहीं नहीं मिलती।

मुगल काल का एक तरह से अंतिम शासक औरगंजेब रहा जिसने एक-दो वर्ष नहीं, पूरे पचास वर्षों तक राज्य किया। कला और साहित्य के प्रति औरंगजेब की अरुचि सर्वविदित है। किसी भी प्रकार की कला और संगीत तथा साहित्य का वह घोर विरोधी था। पचास वर्षों की दीर्घकाल तक चली इस उपेक्षा ने सभी कलाओं का दम तोड़ दिया। मूर्तिकला की दृष्टि से भारत का बंजर काल एक तरह से मुगल-काल से ही आरम्भ हो गया था।

ब्रिटिश काल में भारत में कुछेक धातु-मूर्तियां अवश्य बनीं पर वे ब्रिटिश सम्राटों या वाइसरायों आदि तक सीमित रहीं। इन्हें देश में यत्र-तत्र सत्ता का दबदबा दर्शाने के लिए स्थापित किया गया। मिश्रित धातु की ये मूर्तियां निश्चित रूप से आकर्षक और टिकाऊ थीं, फिर भी ये भारतीय मूर्तिकला नहीं, अपितु ब्रिटिश मूर्तिकला का नमूना थीं। स्वतंत्रता प्राप्ति के कुछ समय बाद तक ये मूर्तियां हमारे शासकों की तटस्थता के कारण ब्रिटिश राज्य के प्रतीक के रूप में खड़ी रहीं, फिर धीरे-धीरे ये संग्रहालयों के हवाले हो गईं।

आजादी के बाद देश के नेताओं तथा स्वतंत्रता-सेनानियों की मूर्तियां बननी चाहिए थीं। महात्मा गांधी की कुछ मूर्तियां अवश्य बनीं और वे शहरों और गांवों तक के चौराहों पर जम भी गईं, पर उनमें अधिकांश साधारण, बेढंगी और कमजोर रहीं। महात्मा गांधी की धातु की आकर्षक और आदमकद मूर्ति एक दो भी मिल जाएं तो बड़ी बात होगी।

गौतम बुद्ध के बाद महात्मा गांधी ही भारत के महान् व्यक्ति हुए। बुद्ध की मूर्तियों से भारत की धरती पट गई, संग्रहालय भर गए पर महात्मा गांधी के साथ ऐसा क्यों नहीं हुआ? कारण स्पष्ट है–राज्य संरक्षण का अभाव, जिसके फलस्वरूप मूर्तिकला का विकास नहीं हो सका।

फिर भी कुछ प्रमुख नेताओं और भारतीय योद्धाओं की एकाध मूर्तियां कहीं-कहीं मिल जाती हैं। इनमें हैं–छत्रपति शिवाजी, राणा प्रताप, जवाहरलाल नेहरू, पटेल और अम्बेडकर। भारतीय संसद के पास स्थापित अम्बेडकर की मूर्ति पर्याप्त भव्य है। पटना राजभवन के पास बहुत दिनों तक एक ब्रिटिश हुक्मरान की मूर्ति लगी रही, बाद में वहां भारत के प्रथम राष्ट्रपति राजेंद्र प्रसाद की मूर्ति लगी।

दरअसल भारत में मूर्तिकला जीवित है तो यहां की धार्मिक भावना के कारण। मूर्तियां अब भी बनती हैं पर अधिकांशतः देवी-देवताओं और अवतारों की। मध्यकालीन भक्ति लहर ने देवी-देवताओं और अवतारों के प्रति आस्था को नवजीवन प्रदान किया। श्रीमद्वल्लभाचार्य और चैतन्य महाप्रभु ने कृष्ण भक्ति की जो अलख जगायी वह आज भी जीवित है। वृन्दावन के भक्त-संगीतज्ञ स्वामी हरिदास के कारण राधाकृष्ण की सम्मिलित मूर्ति वहां के बाँके बिहारी मंदिर में आज भी भक्तों के आकर्षण का केंद्र है। वहां की आसपास की दुकानों में राधा-कृष्ण और बाल गोपाल की विभिन्न भंगिमाओं की आकर्षक मूर्तियां मिलती हैं। मथुरा और वृंदावन के कारीगर इन धातु-मूर्तियों के गढ़ने में सिद्धहस्त हैं।

चूंकि कृष्ण-भक्ति धारा सबसे बाद की है, अतः राधा-कृष्ण की विभिन्न प्रकार की मूर्तियों की पर्याप्त मांग है। मथुरा-वृंदावन में छोटी धातु-मूर्तियां मिलती हैं तो जयपुर में संगमरमर की आकर्षक आदमकद मूर्तियां। जयपुर के कलाकार राधा-कृष्ण की एक-से-एक आकर्षक मूर्तियां गढ़ने में सिद्धहस्त हैं। जहां कहीं राधा-कृष्ण का मंदिर बनता है, लोग मूर्तियों के लिए जयपुर दौड़ते हैं।

इधर 'इस्कॉन' (इंटरनेशल सेंटर फॉर कृष्णा कांशसनेस) ने कृष्ण-भक्ति का अच्छा प्रचार-प्रसार किया है और कई देशों में मंदिरों का निर्माण कर उनमें राधा-कृष्ण की एक-से-एक आकर्षक मूर्तियां लगाई हैं। ये सब भारतीय कारीगरों का ही कमाल हैं। वृंदावन के 'इस्कॉन' मंदिर की राधा-कृष्ण की मूर्तियां भी देखने योग्य हैं। देश के कई शहरों में

भी इनके मंदिर और विभिन्न भंगिमाओं की युगल मूर्तियां हैं।

मध्य प्रदेश में संगमरमर खूब उपलब्ध है। नर्मदा नदी मध्य प्रदेश में कई स्थानों पर संगमरमर की चट्टानों से होकर गुजरती है। जबलपुर में नर्मदा के किनारे भेंड़ा घाट बहुत प्रसिद्ध है। यहां भी संगमरमरी चट्टानें हैं। इसलिए जबलपुर में संगमरमरी मूर्तियों का काम खूब होता है।

महाराष्ट्र में भी धार्मिकता के कारण मूर्ति-कला जीवित है। वहां गणेश-पूजा इतने धूमधाम से मनााई जाती है कि इस अवसर पर गणेश की भिन्न-भिन्न आकार की अगणित आकर्षक मूर्तियां बनाई जाती हैं। परंतु वे उत्सव के बाद जल में विसर्जित कर दी जाती हैं।

इसी प्रकार सरस्वती-पूजा और काली-पूजा (नवरात्रि) के अवसर पर एक से एक आकर्षक मूर्तियां बनती हैं। कोलकाता और पूरे बंगाल में तो यह कला दिनों-दिन परवान चढ़ती जाती है क्योंकि वहां काली-भक्त अधिक हैं। ये मूर्तियां स्थायी नहीं होतीं और पूजा-समाप्ति पर उन्हें जल के हवाले कर दिया जाता है–परंतु ये बहुत बड़ी संख्या में बनती हैं और बेहद कलापूर्ण होती हैं।

देश में शैवों और शाक्तों का भी अनेक स्थानों में प्रभाव है। शिव-मन्दिरों के पार्वती, गणेश, कार्तिकेय और नंदी की संगमरमर की मूर्तियां भी जयपुर आदि से आती हैं। सिंहवाहिनी दुर्गा की अद्भुत मूर्तियां यहां मिलती हैं। रामभक्ति की धारा भी अक्षुण्ण है अतः राम, लक्ष्मण, जानकी और हनुमान की आकर्षक मूर्तियां भी गढ़ी जाती हैं।

भारत में अब मूर्तिकला ने एक नया मोड़ लिया है। मूर्तियां अब केवल पत्थरों और धातुओं से ही नहीं बनतीं। 'टैराकोटा' के नाम से कच्ची सामग्री उपलब्ध हो गई है जिससे बनी 3-4 फीट तक की मूर्तियां अच्छे रंग-रोगन के पश्चात् चमक-दमक में धातु-मूर्तियां ही प्रतीत होती है। अधिकांशतः छोटे-गरीब कारीगर इन्हें बनाते हैं और सड़कों के किनारे दुकानें लगाकर इन्हें सस्ते में बेचते हैं। बड़े लोगों के घरों में ये सस्ती मूर्तियां भी महंगी ही लगती हैं। इनमें विभिन्न प्रकार की मूर्तियां होती

हैं पर राधा-कृष्ण की यहां भी प्रधानता है। सूरदास से लेकर जयदेव और विद्यापति ने राधाकृष्ण के इतने गीत गाए हैं कि ये लोक-मानस में बस कर जन-जन के प्रिय हो गए हैं। अतः आस्थावान् ही नहीं, नास्तिक भी कम-से-कम शोभा या प्रेम-भावना के प्रतीक के रूप में इन्हें अपने घरों में सजाते हैं।

टैराकोटा (मिट्टी से बनी मूर्ति) और पत्थरों को काटकर बनायी गयी मूर्ति-कला को भोपाल के भारत भवन से कुछ बढ़ावा मिला है। दिल्ली की ललित कला अकादमी भी मूर्ति कलाकारों को आगे लाने का काम कर रही है। इस क्षेत्र में अद्भुत काम चंडीगढ़ के नेकचंद ने किया है। उन्होंने रॉक गार्डेन में पत्थर और चीनी मिट्टी के बेकार टुकड़ों से असंख्य मूर्तियाँ बनायी हैं।

कुछ तीर्थ-स्थानों की मूर्तियों भी चित्ताकर्षक हैं। इनमें तिरुपति की विष्णु मूर्ति और नाथद्वारा के गोवर्धनधारी कृष्ण की मूर्ति उल्लेखनीय है। हैदराबाद में बिड़ला-बंधुओं ने तिरुपति के अनुकरण में एक भव्य मंदिर बनवाया है। यहां की मूर्तियां भी दर्शनीय हैं, विशेषकर भगवान वेंकटेश्वर का विग्रह।

यह आधुनिक भारत में मूर्तियों की तस्वीर है।

●●●